松原晋啓
Matsubara Nobuaki

バーサタイリスト
Versatilist

35歳までに
「1万人に1人」の
実力者になる方法

How to become one in
10,000 people by age 35

発行・日刊現代／発売・講談社

はじめに

内閣官房が発表した「令和４年度フリーランス実態調査結果」によると、日本のフリーランス人口は４６２万人まで増えているのだそうだ。

野心やビジョンを持って独立の道へと進む人が増えているのなら、とても喜ばしいと思う。

だが、中には会社に落胆し、仕方なく独立した人も少なくないようだ。現に、「独立しなければ成り上がれない」という声が、あちこちで聞かれる。

しかし、断言しよう。

会社の中でだって、成り上がれる。

誰もが、会社員のままでも才能を開花させられるし、突き抜けられる。

「今の会社にい続けても……」というマイナス発想は、残念ながらほとんどの場合、真実ではない。会社で大成できることは、このわたしが身をもって証明している。

若者が退職・転職したくなる最大の理由は、華やかな仕事で活躍するはずだったのに、実際に入社したら下積みばかりというギャップだろう。

確かに、下積みは泥くさい。単調な作業が多いだろうし、注目される業務はほとんどないだろう。しかし、どんな業界や業種であれ、下積みは必ず通る道である。

むしろ下積みは、基礎力を養うために最も重要なステップである。そして、下積み時代に重ねた努力は決して裏切らない。

下積みこそ、社会人として大成するためのベースなのだ。それを知らずに、勘違いゆえに生じたギャップを理由に諦めてしまうのは、何とももったいない。

自己肯定感にワークライフバランス、タイムパフォーマンス——。現代には、賢そうな雰囲気でありながら、本質を突いていない言葉が何と多いことか。

もちろんどれも否定はしないが、流行ワードに流されているだけの人、そして**若者を甘やかすのをよしとする社会の風潮には、強く異議を申し立てたい。**

わたしには、アクセンチュアやマイクロソフトをはじめ、世界が認める一流企業で尋常ではない結果を出し続けた自負がある。

世界中を探してもなかなか存在しないとされる「バーサタイリスト」の呼称を受けたのは、会社と社会に貢献していることの何よりの証だろう。

詳細は第3章に譲るが、**バーサタイリストとは、「スペシャリストの深さ」と「ゼネラリストの広さ」を兼ね備えた人間を指す言葉だ。**要は、何でもできるスーパーマンということ。

バーサタイリストになるには膨大な知識と経験がいるので、非常に険しい道をたどらねばならないが、バーサタイリストに一度なりさえすれば、万事の本質を瞬時につかめるようになる。1万人に1人の実力者になるのも、夢ではない。

しかし、こんなわたしも、もともとは凡人だった。

学生時代は赤点ばかりの問題児だし、高校卒業後にはホームレス経験だってしている。むしろ平均以下だろう。

それでも、バーサタイリストになれたのには、理由がある。**やる気さえあれば誰もが真似できる**、とてもシンプルな理由が。ただし、タイムリミットは35歳。「20代だから社会人人生は先が長い」と思っていたら大間違いである。

本書では、凡人以下のわたしが、なぜここまで大成できたかを具体的に記した。どのような下積み時代だったか、どんな道を歩み「CRM2・0」の生みの親と呼ばれるに至ったか、失敗談も含め全て正直に書いている。

アーカス・ジャパンを設立した後、一人ひとりに向き合うパーソナライズドCRM

であらゆる業界の課題を解決している今、最も大事だと考えている仕事論や思い、そして今後のビジョンについてもたっぷり記した。

この仕事術を全て取り入れたなら、**10人分の価値を出すことも可能**である。

「大きな成果を上げたい」「成功したい」など野心あふれる若者はもちろん、**目の前の仕事がうまくいかず悩んでいる人、逃げたい気持ちで押しつぶされそうになっている人にも、ぜひ読んでほしい。**

あなたはわたしほどダメな学生時代を送っているとは思えないし、だからこそわたし以上に大成する可能性に満ちている。諦めてはいけない。

本書が、あなたの気持ちを奮い立たせる一助になれば幸いである。

【目次】

第1章

ホームレスから起業家へ。「バーサタイリスト」はこうして生まれた

第2章

甘えている人間は地獄を見る！タイムリミットは35歳

第5章 全てが自分の思い通りに！我欲を手放し一気に突き抜けろ

第1章

ホームレスから起業家へ。「バーサタイリスト」はこうして生まれた

短気で喧嘩っ早い。幼少期から問題児だった

小さいときのわたしは、人が言うには「今とあまり変わらない」のだそうだ。よくも悪くも目立つタイプ。自分では静かなほうだと思っていたけれど、他人からすると真逆だったのかもしれない。

親が先生から呼び出されることもしょっちゅうだった。最初に呼び出しがかかったのは、幼稚園のとき。理由は、同じ園に通っている子どもをジャングルジムから突き落としたから。

強そうにしたり偉そうにしたりしている人が、どうにも許せない性分なのだ。

そういう嫌いな人から何かされると、ささいなことでもキレてしまう癖がある。

一度キレると徹底的にやってしまうのだ。

小学2年で大阪から神戸の学校に転校したときは、いじめをしてきた人を早々にボコボコにした。漫画のような話と思うかもしれないが、転校後2日目に親呼び出しとなったのは事実だ。

他にも、相手の顔面を下駄箱に叩きつけるようなこともあった。

わたしは、よくいえば、正義感が強いのかもしれない。悪くいえば、短気で喧嘩っ早い。理屈の通らない悪さをする人には、**相手が年上でも、誰であろうと食ってかかる。**

だからだろう。わたしを慕うのは、年下ばかりだった。

□ 幼少期から芽生え始めていた自立心

わたしが喧嘩っ早いのは親の影響というわけではなく、もともとそういう気質なのだと思う。父親は九州男児でまっすぐな人間、母親はまさにお嬢様といった感じで、礼儀やマナーは厳しく教え込まれた。

両親は、わたしのことを褒めて育てるようなタイプではなかった。ただ唯一、褒められた記憶として残っているのは「頭の回転が速い」と言われたこと。方向感覚は小さいころからあり、小学校に上がる前には「梅田ダンジョン」と呼ばれるほどに複雑な、あの大阪・梅田の地下街内の道も把握していた。

一度、なぜか親に騙され地下街で一人にされたことがある。すると、特に泣くようなこともなく、迷うことなく改札まで進んでいったそうだ。未就学児なので、改札ではさすがに止められる。そんな様子を見て焦った親が出てきて「どこに行くの?」と尋ねると、わたしは平然として、「家に帰ろうとした」と答えたと聞く。

両親は、わたしが高校1年生のときに離婚した。そもそも父親は単身赴任で一緒に暮らしていなかったし、当時、兄弟はおらず母親も働いていて、家に一人でいることが多かった。だから親が離婚しても寂しくはなく、むしろ解放感にあふれていた。「親は親だし好きにすればいい」とも思ったし、面倒なことに巻き込まれるのが煩わしかった。

自分に親はいらない。

友だちと離れたくないから自分は引っ越さないと主張したが、結局は父親とともに、神戸のポートアイランドから東灘に移ることになる。

わたしはある意味、達観していた。親にべったりしていない。今となっては、甘えるのが下手だったのかもしれないとも思う。

□ 高校時代はバイトに明け暮れる

親は金を稼いでも遊びや酒で使ってしまうので、高校1年生のときに「自分の食費は自分で稼がねば」と思うようになった。

最初のアルバイトはフードコートの店員。選んだ理由は、単純に時給が高かったからだ。コンビニの時給は当時670円程度だったが、フードコートは800円だったのだ。しかし実際に働き、時給が高い理由を知ることになる。

最初の1～2週間こそ二人体制だったものの、その後はわたし一人で店に立つことになった。**レジも調理もわたし一人。**客の少ない店でもないのに、フードメニューは洋食・うどん・丼などさまざまあり、さらにはビールを含めドリンクも全て一人で作る。

挙げ句の果てに調理場はレジから離れたところにあり、ハンバーグなど湯煎でOK

のものはまだしも、パスタやお子さまランチの注文が入ると最悪だった。

徐々に動き方を最適化して多少スムーズにはなったものの、バイト中は、とにかく常に走り回っていた。さすがに辛かった。

「人は助けてくれない」というのは、このとき学んだように思う。

親の離婚で引っ越した後は、ファミリーマートのバックヤードでバイトをした。商品を発注のあった個数分だけ、バットに仕分ける仕事で、時給は８５０円と店舗で働くよりもずっと高い。

業務内容はどうでもよかった。**仕事を選ぶ基準は、お金だけだった。**

□ 親への反発心で大学受験を決意する

わたしは決して、勉強ができるタイプではない。ただ、学ぶことそのものには多少興味があった。歴史が好きで数学が得意。物理や化学も面白いと思った。

しかしあいにく、机に座って勉強するようなタイプではない。成績はトータルすると、普通かよくても中の上といった具合だった。

そんなわたしも、大学受験をした。理由は、**父親から「お前みたいなバカは大学に行けるはずがない」と言われたのが頭にきたから。**もともと将来のことはまったく考えておらず、大学へは進学しないつもりだった。それでも大学を受験することになる。バカではないことを、証明するためだけに。

しかしわたしは、英語はまるでダメだった。成績の凹凸が激しいので、センター試験経由ではまず受からない。そこで、**理数系に特化し推薦を狙った。**幸い、先生も応援してくれた。

とはいっても、受験を決意した後も、机に教材を置いて向き合うような、いわゆる普通の受験勉強をしたことは一度もない。

だから、数学が得意とはいっても**公式すら覚えていなかった。**試験のたびに、自ら公式を導き出すところから着手し、問題を解いていくのだ。それでも高校最後の模試では、数学で全国2位になった。結果、大阪電気通信大学の工学部、知能機械工学科に現役合格した。

ロ 数学だけはできる問題児

大学合格を勝ち得て親を見返すことには成功したものの、高校生の間はずっと問題児だった。机上の勉強は苦手で教科書を開かないし、授業中は寝てばかり。高校を卒業する直前は、英語2教科や化学は赤点だし出席日数も足りない。先生はたいそう苦労したことだろう。

ただ、外見ではわからないかもしれないが、何も考えていないわけではないのだ。**身近なことに疑問点を見つけて問いを立て、思考を重ねる**ようなところがあった。結果、数学や物理の素養が培われていったのではないかと思う。

しかし、人の話を聞いているだけというのが苦手なのは、今も相変わらずだ。大人になった今も、セミナーへ学びに行ってもやはり眠ってしまう。

わたしの強みは、小さいころから唯一、数学的な思考だけだった。数学に秀でているというのを最初に見出してくれたのは、中学生のときに通っていた塾の先生だ。先生に出会ってからは、自分には数学以外の道はないのだと思って生きていた。

そして、中学校で学年主任を務めていた数学担当の先生が、わたしの数学的なセンスを認めてくれていたのも大きい。わたしは高校も推薦で入っているが、この先生がいなければ、高校の推薦は取れなかっただろう。

わたしは常に、進路で迷うことはなかった。**迷うのは、可能性が複数ある証拠だ。**

学生時代から家が貧乏、そして数学以外の選択肢がない。進むべき道は、常に1つに絞られていた。

18歳でホームレスになる

大学へは、入学式を含め一度も行っていない。大学の入学金と1年目の学費およそ100万円は、高校のときに貯めたバイト代で払った。しかし、親への意地で大学を受けただけなので、キャンパスライフへの憧れも執着も1ミリもなかった。

そもそも親からの援助がないわたしには、2年目以降の学費を払う余力は皆無なのだ。大学卒業後に待ち受けている進路にも、興味はない。

高校を卒業してからも、相変わらずバイトばかりしていた。バイク便やファストフード店でも働いたし、大阪・北新地のラーメン屋にはオープニングスタッフとして入った。

まだ18歳ということもあり、将来のことは何も考えていなかった。そもそも自分は問題児。**まともなところでは働けない、働き場所があるだけでありがたい**、そう思っていた。

何もできないと、人間は吹っ切れる。なるようになるさと、将来への不安や恐怖感は一切なかった。

夏前のある日、父親が癌で入院した。発覚したときにはすでに手遅れで、間もなく他界した。49歳だった。

父は借金まみれだった。家のローンは相続放棄で免れたものの、同時にわたしは家を失った。生活保護という方法もあるにはあるが、生活保護を受けると親戚に連絡がいき迷惑がかかる。親戚を頼るという選択肢もなかった。

このときばかりは、さすがに戸惑った。あまりに衝撃だったため心が冷えきり、葬儀が落ち着くまではとても冷静だったのを覚えている。

しかし、父の故郷・九州で葬儀を終えた後、関西に戻ると一気に実感が湧いてきた。「ホームレスになってしまった」という実感だ。

わたしは18歳にして、ホームレス生活を始めることとなる。

□危険と背中合わせ。想像を絶する8~9カ月間

家を失った後もラーメン屋のバイトを続けていたが、給料が出るのは1カ月後。それまで待っていては、食べ物や飲み物さえ買えず生き続けられない。それほどまでに切羽詰まっていた。そこで、日雇いの仕事で何とか食いつないだ。

日雇い仕事専門の派遣会社に登録すると、毎日「今日はここです」と場所を指定される。ときには、23時に「〇×駅に来てください」と言われることもあった。**日雇い労働者は、怪しいバスに詰め込まれ働き先へ向かう。**大きな冷蔵庫の中に入って魚を捌く仕事に、大手アパレルブランドの商品の仕分け。仕事の内容はさまざまだ。

日給は、たったの４５００円。交通費を除くと、手元には４０００円も残らない。

それでも風呂に入りたいので、１泊３０００円のカプセルホテルに泊まっていた。カプセルホテルには、同じようにホームレス生活をしている人がうようよしていた。わたし自身、特に目指していたわけではないものの、同じ境遇の人間たちとつるむうちに、大阪・西成に流れ着いた。

日雇いの仕事で一緒になった人間に**「西成にいる」と話すと、取り巻きができてきた。**西成は、大阪の不良にとって憧れの場所だからだ。ときには、取り巻きの人間の家に転がり込むこともあった。

西成は、日本最大のスラム街といわれるあいりん地区のあるところ。騒動に巻き込まれるのはしょっちゅうだった。危ない仕事もあちこちにあり、身の危険を感じるようなできごとを経験したのも一度や二度ではない。たとえカプセルホテルに泊まっていようとも、夜はおちおち熟睡できない。眠ったら身ぐるみ剥がされるかもしれないのだ。

動じない自分、**常識から外れたことでも踏み出せる自分が確立された**のは、この時代を過ごしたからこその財産かもしれない。

今いる経営の世界も、決してきれいなつながりだけではない。それでも度胸を持って突き進めるのは、西成でのホームレス時代があったからこそだと思う。

ホームレスだったのは8～9カ月ではあったが、それよりも長かったように感じる。常に飢えていて、流れるように過ぎていく日はない。

わたしにとって阪神・淡路大震災と同等にインパクトのあるできごとだった。

明日は生きていないかもしれないと思うような世界――。**今日も生きていられた、その事実だけで日々十分だった。**

□就活に向けて、一歩ずつ進み始める

日雇い仕事のホームレス生活は、籠城戦だった。ただ削られていくだけ。しかし援軍は来ない。さすがにまずいと感じ、きちんとした職に就かなければと考えだしたのは、ホームレスになって約半年後のことだったと思う。いずれは、人に言えるような職に就かねばならないのだと感じた。

しかし、履歴書を書いて就活しようと思っても、日本という国は何とも世知辛い。現住所がないと履歴書を出せず働けない。家を借りるには、保証人がいる。

何もない人間にとっては、どうにも生きづらい。

まずは、家を借りるための金を稼ぐべく、住み込みでパチンコ屋の仕事を始めた。ただし、住み込みでは郵便が届かないので、履歴書は出せない。

パチンコ屋は給料がよく、３～４カ月後には賃貸物件を借りる金が手に入った。賃貸物件を借りたのは19歳のとき、ホームレス生活が始まって約1年後のことだった。場所は、大阪の下新庄。

家を借りてすぐに、就職活動を始めた。**わたしは新卒ではないので、中途の扱いになった。**しかし、何も経験のない人間を、誰が採用したいと思うだろう？　通るところはほとんどない覚悟で、どんどん履歴書を送っていった。

送った履歴書の数は、50通は優に超える。履歴書に貼る写真代もバカにならない。履歴書代や切手代もかさみ、履歴書を送るだけでもかなりの金が飛んだ。

ロ 将来稼げそうな業種――勘でＩＴ業界に絞る

このときも、仕事の内容ではなくお金を基準に志望先を決めた。

ときは２００１年。１９９５年にＷｉｎｄｏｗｓ95が一世を風靡し、２０００年に

Ｗｉｎｄｏｗｓ２０００とＷｉｎｄｏｗｓ　Ｍｅが出た直後だ。根拠はないが、ＩＴが来ると思った。ただの勘でしかないが、いろいろな経験を経ていたので勘は鋭かったのではないかと思う。

キーボードさえ打てない状態だったが、ＩＴ業界に絞った。もともと工学系なので、何とかなるだろうという気持ちもあった。

幸い、当時のＩＴ業界はこれからというときで、未経験者を歓迎していた。最終的に履歴書審査は３社通過。３社とも適性試験で面接へ進むかどうかが決まったが、適性試験は得意だった。

コミュニケーション能力が必須のホームレス生活を生き抜いたおかげで、面接でのハッタリもお手のもの。ＩＴの経験はないが、「ある」と言っても殺されはしない。ぬるま湯に浸かった面接官からかけられる圧なんて、何ともない。

無事、３社全てから内定を勝ち取った。

エンジニアとして徐々にのし上がる

最初に入社した会社は、堂島にあるグリーンシステムだ。営業専門の会社からシステム会社に転身した歴史があり、ＩＴ業界では先駆けだった。

入社直後のわたしは、「パソコンを立ち上げて」と言われればパソコンを持って立てかけ、「マウスを使って」と言われれば「ネズミ？」と言い、「保存して」と言われればフロッピーディスクを探すような状況。嘘のようかもしれないが、全て事実である。

入社１日目の研修ではＳＱＬというデータベース言語、２日目にはＨＴＭＬというマークアップ言語とＣＳＳというスタイルシート言語を学び、３日目からは１週間かけてＪａｖａというプログラミング言語を学ぶ予定だった。

何も知らなかったわたしだが、要領だけはよく言語をすぐに覚えられ、入社後２日間で研修は終了、**3日目には現場に出されてしまった。**

最初に入ったのは、Ｊａｖａのシステム開発チームだ。一人前に稼働できるようになるのに、天才でも半年はかかると言われているチーム。中には試用期間でクビになる人もいたが、チームに入って3日目には、大手飲料メーカーのネットワークエンジニアとして担当業務を持つことになった。

□プライドのないところが功を奏した

自分でも、相性のよい職種を選べたと思った。**アルゴリズムが数式なので、難しいと言われることも、スーッと頭に入ってくる**のだ。

体力があるのも好都合だった。1本目の開発には手間取ったが、自分の中で**「ここまでやる」という目標を決めて取り組み、終わるまでは帰らない。**会社を出るのはいつも最後だったが、残業も苦ではなかった。

そもそもわたしは、きちんとしなければ命を取られるような生活を生き抜いてきたのだ。責任感は自然と身についており、意地でも終わらせてやると心が燃えた。

1本目の開発は、3日間を与えられていたのに対し、結果5日間かかってしまった。しかし、経験のある人間が取り組んでもまずこなせない業務内容だったようで、周りからはよくやったと評価された。

そして、**変なプライドがないのもよかったのだろう。**わたしはもともと、何も持っていない。だから、誇りはあってもプライドはないのだ。

わからないところがあると、すぐに周りに教えてもらった。**頭を下げるのも厭わない。**そうしているうちに、3カ月で部下がついた。

社会人1年目で苦労したのは全て、いわゆる社会における一般常識がないことが理由だった。

当時の上司は、団塊世代ということもあり上下関係に厳しかった。しかしわたしはよくいえば豪放磊落《ごうほうらいらく》、年齢の上下や先輩後輩という立場を気にしないので、**嫌う人には徹底的に嫌われた。**

社会人の常識については本を読んで学び、礼儀やマナーは多少身についたが、そうはいっても所詮、19歳の若造だ。柄物のシャツを着ていたり、前を閉めなかったり、傍目から見たらクソ生意気に見えてしまうのは今になるとよくわかる。

コミュニケーション能力は割と高く、可愛がってくれる人もいたが、人によって評価の落差が激しかった。

一部、嫉妬もあったこととは思う。

□ 難中之難をクリアし、働く喜びを知る

次に携わったのは、数あるプロジェクトの中で、最も難しいと言われているものだった。なぜなら、**データがリアルタイムで更新されるタイプの案件**だったからだ。できる奴はいないだろうから、それなら若い奴にやらせておけというような感じで仕事が回ってきたのをよく覚えている。

計算も組まねばならず、開発期間は2カ月与えられた。最低でも1カ月はかかると言われていたが、わたしは1週間で成し遂げた。

無理やり頑張っているところもあったが、入社して1カ月と1週間しか経っていないときのできごとだ。やりきった後は、達成感と自尊心で心がいっぱいになった。

その後は、どんな案件が回ってきても楽勝だった。2本目の案件ほど難しいものは

なかった。サーバー管理などわからないものもあったが、周りに聞けば教えてもらえる。

気づくと半年後には、データベース・インフラ・サーバー移行と、3つの知識を身につけていたのは社内でわたし一人という状態になった。だから、どこかでバグが生じると、呼ばれるのは19歳の自分。業務範囲外でも声がかかる。

担当案件数は20。二次開発と新規開発の中心にいつつ、夜間の補習の講師も担当した。頼られて嬉しくないはずはない。

まさに表舞台に立っていた。働ける喜びを感じたのはこのときだった。楽しかった。ポジションが変わっても給料は変わらず額面が15万円、手取りは約12万円と低いままだったが、**やりがいがあるし、何より命の危険がない。**

ただ、家賃を払えるようにはなったものの、ＩＴの技術書は値が張るので苦しかった。中には、1冊1万円するものもある。ネットで検索しても情報の少ない時代だし、会社からの支給はないので、会社近くの**本屋で立ち読みをして新しい知識を蓄えていった。**

1社目は2年半勤めた。在籍中は、予定より1年遅れになっている大手生命保険会社の案件を立て直したこともあった。

「お前みたいな若造がわかるのか」と嘲笑うような人もいたが、「1カ月くれ。あっと驚くものを作ってやる」と啖呵を切った。

わたしは徹底的に見直し、**保険業界という枠を超えて考えた。**結果、新たなルールをプレゼンしたときはみな驚愕。

新たなプランで進めると、3カ月後には1カ月前倒しになり、半年後には半年も前倒しになっていた。

周りからは「作るのが早い」と言われていて、そのたびに「頭がいいのでこれくらいはできます」と強がっていた。しかし、バレていないだけで、裏ではエラーをたくさん出していた。

手を動かすのが人一倍速いので、相当な数のトライアンドエラーを繰り返しても十分に疾走できたのだ。

□ヘッドハンティングで移った先でもハイスピードで駆け抜ける

21歳のとき、アクセンチュアに転職した。何とヘッドハンティングが来たのだ。グリーンシステムで担当した大手生命保険会社の案件で、既存の仕組みを覆したのが目に留まったらしい。既存の仕組みを作ったのは、アクセンチュアの競合にあたる企業だったのだ。

既存の仕組みを変えるために、問題となっている箇所を突き止めレポートを出し、元請けを黙らせた。もちろん、相手はずっと年上だが気にしない。

すると、元請けの日本支社がお手上げとなり、本国案件となった。わたしは事細かに改善策まで書き、**本国の人間に「レベルが低い」と言って圧をかけた。**

そんなことがどこかから漏れ、「競合の本国を黙らせた小僧がいる」とアクセンチュアに伝わったようだ。

アクセンチュアは、言わずと知れた世界最大のコンサルティングファームだ。今となっては上流から下流まで一気通貫しているが、当時はコンサルはいるものの、コンサルが生み出した構想を実現していく技術者が歯抜けになっていた。そこで、わたしに声がかかったというわけだ。

ここから、わたしの東京生活が始まる。

当時、アクセンチュアは海外のトップレベルの大学や大学院を卒業した人間しか入れないような学歴至上主義だったので、高卒と変わらない21歳のわたしが入ったのは異例中の異例だった。当時、21歳での入社は歴代最年少。博士号を持っていないことに驚かれたこともあった。

年収も上がった。年齢が低いので最低額からのスタートだったが、それでもグリーンシステムの倍以上。残業代もつく。

アクセンチュアの社員は、みな優秀だった。しかし**敵わない技術者はいなかった。**

入社すると、研修が最低でも1カ月あるのだが、わたしはまたしても2日目で終了。2日目の夜に現場のマネージャーがやってきて「明日から来て」と言われた。おそらく、前職の噂や根性などで抜擢されたのだろう。最年少のくせに肝が据わっており、泰然自若としていたのも大きいと思う。

現場に行くと、まず業務をキャッチアップするため仕様書の確認を指示されたが、ざっと見たところ作れそうだったので許可を得てすぐに作り始めた。結果、2時間で完成。夕方にはテストも終わり、その後3カ月で進める予定のものも1週間で完了した。

そうすると、珍しくクライアントから呼び出しがかかった。あまりの早さに驚いたようだ。「他に何かやることはないですか」と聞くと「あるよ」と言われ、**気づけば競合の仕事をどんどん奪っていた。**

競合の仕事を引き剥がすたびに、アクセンチュアはどんどん拡大した。当時わたしがいたチームは、今でもアクセンチュアの中心を担っていると聞く。

□唯一の挫折、わたしに欠けていた視点

わたしは、まさに絶好調だった。**誰よりも早く、かつ完璧に仕事を終わらせられるという自負がモチベーション。**それが最高の喜びだったが、24歳半ばになると悩みへと変化する。

早く終わるので、やることがない。そして、自分でやるほうが早いので、他人が邪魔――。

ある日、マーケティングシステムのチームにヘルプで入った。わたしよりふた回りも年上の人がチームを取りまとめていたが、わたしの目にはいまいちにしか映らない。結果的に、システムを作るのも客と折衝するのも、チームのコントロールさえもわたしが担うことになった。そして、メンバーへの作業分配もわたしがした。

難しいところは自分で持ったので、メンバーに渡したのは簡単なものだけだ。しかし、**わたしの分が全て終わっても、メンバーは1つも作れていなかった。**「わからないことがあったら聞いてね」と言っていたにもかかわらず、質問もせず、ただ時間を無駄にしていたのだ。

挙げ句の果てに、後々メンバーから上司に「松原さんは助けてくれない」とのクレームが入ったそうで、わたしはお叱りにあった。

「聞くべきことがわからない」と訴えるのだそうだ。わたしとしては、なぜクレームになるのかわからない。結果、全部引き取り自分でやってしまった。

システムエンジニアは、たとえ使う言語が同じであってもやることは毎回違う。だから、**何がわからないかがわからないということはありがち**なのだ。ただ、当時のわたしはそれが理解できなかった。

一人で完成させてから喫煙所へ行くと、チームが邪魔という気持ちが大きく膨れ上がった。**アクセンチュアの人間は精鋭揃いだが、それでも邪魔でしかない。**人に期待しても足を引っ張られるだけという思いが募り、現場に行くのが嫌になった。

喫煙所には上司もいた。わたしは気持ちを正直に伝え、「どう進めればいいかわからない」と吐露した。

すると、「確かにな。仕事するとき、お前は何を考えて仕事している」と尋ねられた。

わたしが考えているのは、クライアントが望むものを完璧に作ること。そう答えると、こう質問された。

「エンドユーザーが喜んでいる姿を考えたことがあるか？」

わたしにとっては思いも寄らぬ問いだった。

エンドユーザー（システム利用者。「ユーザー」はシステム開発の依頼者・クライアントを指す）の姿など、考えたことはない。上司からは「想像してもいい。見に行ってもいい。**エンドユーザーの姿を意識して仕事するように**」と助言を受けた。

意識して仕事に臨むと、完璧な自分でありたいという気持ちが変化した。もちろん完璧なものを作ろうという意識はあるのだが、エンドユーザーの笑顔を思うと視点が変わるのだ。**クライアントと話す内容も変わった。**

エンドユーザーのために、いいものを作るという価値観を知った。クライアントの注文に対しては、ときとして完璧でなくてもいい。だからこそ、エンドユーザーを喜ばせられることもある。チームメンバーが邪魔という考えがなくなったわけではないが、意識の置きどころが変わった。

わたしにとっては、新しい世界の幕開けだった。

□次の成長を求めて、ITの本場・アメリカに向かう

アクセンチュアに在籍していたのは2003〜2006年の丸3年。24歳のときにヘッドハンティングを受け、インフラジスティックスに転職した。

場所はアメリカのニュージャージー州にある小さな町、イースト・ウィンザー。マイクロソフトへの技術提供歴があるベンチャー企業だ。

転職を決意した最大の理由は、日本の技術者としては極めてしまったことを知ったからだ。**日本にいても成長しない。**そこで、ITの本場を目指した。

また、ベンダーと呼ばれる製品を売る立場に挑戦したいという気持ちもあった。世界最先端の技術にくわえて、ベンダービジネスも学べる。チャンスでしかない。

英語を使えないのは学生時代から相変わらずだった。だからこそ、話せるようになってやるという挑戦心もあった。

当時、社員は100人もいなかったが、著書のある人や現地で名の通っている人がたくさんいた。刺激的だった。

わたしに与えられたポジションは、テクニカルエバンジェリスト（最新のテクノロジーをユーザーにわかりやすく解説し、周知する立場）。

ミッションは、マイクロソフトのリッチクライアントなどを翻訳し、日本で広めることだった。ちなみにUXデザインという言葉は、今では一般的な言葉となっているが、日本で広めたのはわたしだ。

日本法人の立ち上げを担うようになると、日本に滞在することが多くなった。

アクセンチュア時代はＪａｖａ系だったので、周りの人間からは「マイクロソフト側の人間として帰ってきた」と驚かれたものだ。

また、華々しいことをやっているように見えたようで、アクセンチュアにはわたしと同じレールに乗ろうとした後輩がいたとも聞く。

□エンジニアを軸に経営やマーケティングへと学びのフィールドを拡張

要は、エンジニア業務はもちろん、営業・マーケティング・経営・デザインと業務の幅が驚異的に広がった。

特に日本法人の立ち上げでは、本国の責任者に次ぐナンバーツーのポジションだったので、**国内では一人で会社を経営しているのとなんら変わりない。**

自分でやるしかない状況でもあった。

もちろん新しい業務ばかりなので、何をしたらいいのか初めはわからない。営業のコネクションはどうやって作るのか？　マーケティングとは具体的に何をすればいいのか？

そこで、営業向け、マーケティング向けなどさまざまなセミナーに手当たり次第足を運んだ。もちろん本も読んだが、自分の理解が合っているかは定かでない。そこで、マーケティングを研究する専門機関に赴き、「教えてほしい」と頭を下げて頼み込んだりもした。

キャッチコピーを作り、わかりやすい説明資料を作るのが、マーケティングにおいていかに大事かを学んだのはこのときだ。マーケティングとは、相手の行動を促す間接的な動き。扱っているのがＢ to Ｂ製品ということもあり、**シンプルかつ明瞭であることは必須条件**だった。

また、人前に出る意味もこのときに知った。正直、人と話すのはそこまで得意ではない。しかし、既存のつながりだけでは目標は到底達成されないので、まずは**エンジニア向けのイベントや展示会に行ってブース出展している人と名刺交換**をし、興味を持ってくれた人とどんどん話した。

マイクロソフトとつながりができ、講演会で登壇したり展示会へ出展したりするようになると、エバンジェリストとしての活動が本格化した。ときには展示会を主催することもあった。

製品は、エンジニアの補完機能が集まっている類のもので、デザインをよくしてくれる機能が特に受けた。幸い、同様の製品を直営で売っているところは他になく、食いつきはよかった。

ちなみに、本社とのやりとりはもちろん英語だ。ミーティングでは、**中学生レベルの英語で現地の人間と対等に議論した。**

ただ、英語には敬語がないと思っていたのだが、実はさまざまな婉曲表現があるらしい。ある日、同僚から「お前の英語はキツい。言っていることは伝わるがストレート過ぎる」と言われた。

外国語学習ソフト「ロゼッタストーン」を勧められて学ぶと、「I want to say」ではなく、「Let me say」と言うなど、リアルな英語が何たるかがよくわかった。

ちなみにマイクロソフトは、英語を使える人間を雇うのではなく、英語は必然的にできるようになるという考えで採用を決定する。よって入社後に英語を学ぶ人が多いのだが、ほとんどの人がスピードラーニングを使う。

しかし、スピードラーニングは聞いているだけなので、暗記しかできずしゃべれるようになるのは難しい。

ロゼッタストーンは、問題に張り付いていなければならないという弱点はあるが、**うまく話せなかったり発音が悪かったりすると次へは進めない。**おかげで、発音がきれいと言われるまでになった。英語力を身につけるにはロゼッタストーンのほうがいいとわたしは思う。

結果、日本で初めて Microsoft Dynamics CRM を導入したことでマイクロソフトMVPを受賞するに至る。

アクセンチュアでは「お前ほどエンジニアに向いている人はいない」と言われたが、インフラジスティックスの人間として登壇するようになってからは「コミュ力お化け」。エンジニアに向いているとはとても思えない」と言われたりした。

既存の知識では立ち向かえない未知の世界。圧倒的な努力はした。しかし、営業もマーケティングも、当時のわたしに**努力の意識はなく、むしろ楽しいという感覚だった。**

めちゃくちゃ濃い1年ちょっとだった。

天下のマイクロソフトでＣＲＭを極める

インフラジスティックスを辞めたのは、社長と現場の人間が揉めたのがきっかけだ。初期メンバーのほとんどは、１年以内に辞めてしまった。わたしは法人を立ち上げた思い入れもあり、２期目のメンバーを集め、教え込んでから辞めた。会社を大きくするという選択肢はなかった。

会社を出たら、次に行く先はマイクロソフトしかないと決めていた。

実際、マイクロソフトから引き合いがあった。しかし、求められたのはＣＲＭのポジション。

いろいろな職種に携わりはしたが、わたしの軸は技術者だ。**マイクロソフトの**

「.NET（ドットネット）」を担当している部署へ行き、世界一の技術者になりたい。

そのため、CRMの誘いは断り、普通に応募した。

しかし、マイクロソフトでは応募があると、本人の意志はよそに人事の目で適正部署を判断されるのだ。結局、自分で応募しても面接で出てきたのはCRMのマネージャーだった。「後発製品で売れていないので、MVPの力を貸してほしい」と入社を懇願された。

後々、CRMを担うプリセールスチームと製品マーケティングチームで取り合いになったという話も聞いたが、プリセールスチームの立ち上げメンバーにジョインすることを決意した。不本意ではあるが、CRMもまだ深いところまでは学んでいない。

2007年、26歳のときにマイクロソフトの日本法人に入社した。結局2012年9月までの5年間ずっと、CRMを担当することになる。マイクロソフトは、担当する製品やクライアントはもちろん、職種さえも頻繁に変わる会社だ。5年間ずっと同じ製品を担当したのは、非常に珍しいことといえる。

プリセールス部隊は、ほぼ同時期入社の3名で構成されていた。

プリセールス部隊の役目は、クライアントと直接接触して製品を売ること。技術を理解している人間が売りに行くというのがポイントだった。

担当したのは業務用のシステムだ。当時、マイクロソフトはCRMでは業界の二番手、三番手にさえつけず枠外。だからこそ、マイクロソフトにとって業務システムの拡大は悲願だった。

しかし、当時マイクロソフトの業務システムは信用されておらず、営業に苦戦していた。つまり赤字だ。さらに、CRMが対峙するのはIT部門ではなく業務部門なので、決裁者とのコネクションが構築されていない。

マイナスのイメージを持っている相手に、人を紹介してもらうのはかなりハードルが高い。そんな状況でも、目標の売り上げだけは1億円超えと高く掲げられている。

状況を俯瞰するに、一番のネックはブランディングだと悟った。とすると、目の前の目標達成に主眼を置いて動いても、その後、飛躍する見込みは薄い。

そこで、「(年度の残りは半期しかなかったので) **半期の売り上げは捨て、ブランドイメージの回復に注力したい**」とマネージャーに打診した。その分、次の期には必ず客を作り、売り上げは1億5000万円を超えさせると約束。この提案は、了承された。

□ブランディングと客の開拓、事例作りを同時並行で進める

CRMは、今でこそさまざまなところで用いられているが、当時の日本では営業用というイメージが9割だったと思う。統合CRMという言葉はあったが、基幹システムの一部でしかなく実質を成していなかった。

わたしはまず、**CRMの本質を正確に理解しなければならない**と思った。

世界で最初にＣＲＭを提唱および導入したところといえば、アクセンチュアだ。アクセンチュアにおけるＣＲＭの歴史を調べたり、アクセンチュアのＣＲＭ部隊出身の人に話を聞いたりして、情報収集に勤しんだ。

結果気づいたのは、ＣＲＭとは顧客との接触部分を束ねる役割であるということ。つまり、本来は営業だけでなく、顧客にまつわること全てにおいて活用できるはずなのだ。しかし、実際はさまざまなツールが使われ、管理が複雑化している。ＣＲＭなら一括管理できる、それを**わかりやすく伝えるのが肝なのだと悟った。**プロダクトは変えなくて大丈夫だ。見せ方、そして売り方を変えるだけでいいとわかったのは大きかった。

次に行ったのは、事例作りだ。

狙う領域は公共セクターがいいだろうと、インダストリアルマネージャーから提案を受けた。中央官庁・自治体・学校・病院・ＮＰＯに当たっていくと、最も興味を持ってくれたのは学校、特に大学だった。学校は教育改革の真っ只中。淘汰が進み、新しいものを取り入れることへのハードルが低かったのだろう。熱量があるのでいけると思った。

幸い、どの競合もＣＲＭ領域では大学に注目していない。**大学で事例を作ったら、業界内で度肝を抜ける。**

そこからは、マイクロソフトに好意的な大学を中心に回ったり、大学関連のイベントに登壇したりして、コネクションを作っていった。

とはいえ、理解してもらうのには苦労した。新しいものを理解してもらうのは、そもそも難易度が高い。そこでわたしは、製品の説明を一切やめるという決断を下す。

「エスキモーに冷蔵庫を売る」という話を聞いたことはあるだろうか。

極寒の地に住んでいるエスキモーに冷蔵庫は不要と思われがち。しかし食材の野外貯蔵では、凍ってしまうというデメリットがあったのだ。冷蔵庫で保管すれば、凍らない。そうアピールしたら、エスキモーにだって冷蔵庫を売れるという話。

要は、発想の転換が大事なのだ。

本質的に知りたいのは、具体的な機能ではなく「使うとどうなるか」ということだろう。説明資料はシナリオベースにして、「これを使うと、あなたはこうなります」と記し、理由の説明は少量にとどめた。

機能の説明をしないのは、斬新だったようだ。他の営業とは言葉が違うと言われたときは、狙いが当たったと気持ちが高ぶった。これで唯一無二になれる。競合を出し抜ける。

1つ目の事例となったのは、都内の私立大学だった。大学の維持には卒業生からの寄付金が欠かせず、卒業生の管理やつながりの構築で課題を抱えているところに、うまくはまったのだ。

インパクトのある事例を１つ作ると、同様の製品が他にないこともあり取引先がスムーズに増えていった。

結果、**通期の売り上げは目標の3倍となった。**

□ＣＲＭをマイクロソフトの主軸事業にまで成長させる

わたしとしては、新しいことをやっている気持ちはなかった。しかしマネージャーを筆頭に、周りからは「特に大学には売れないだろう」と言われていたし、日本法人はもちろん海外のマイクロソフトからも驚かれた。

可能性を拓いたようで、翌年には海外もｘＲＭに取り組み出した。

ｘＲＭは昔からある言葉だったが、わたしがこれを、ＣＲＭ２・０（プラットフォーム型ＣＲＭ）としてピックアップして実用化させたのが斬新だったのだ。

ＣＲＭの歴史は、わたしが携わる前と後でガラリと変わったといっても過言ではない。

大学に続き、病院やＮＰＯ、行政に官公庁、そして自動車業界にも参入。各顧客のニーズを把握し、一元管理できることをアピール。業界ごとに専門用語を使い分けるなどのアレンジを施し、どんどん販路を広げていった。

すると競合も動き始め、セールスフォースのＰａａＳなどが登場したが、それも想定内。**どんな競合が現れても、緻密にブランディングをしていたので、敵にもならなかった。**

そしてわたしはさまざまなところに顔を出し、「ＣＲＭの松原」というイメージをどんどん強化する。まさに独占市場だった。

赤字からスタートした部署だが、5年後には年間売り上げが20億円を超えた。

そのころには、ＣＲＭはマイクロソフトの主力事業の1つになっていた。Ａｚｕｒｅ、Ｏｆｆｉｃｅと並び、マイクロソフトのクラウド三兄弟となったのを見届けて、わたしはマイクロソフトを去ることになる。

マイクロソフトを退社したのは2012年9月末。その年度に就いたマネージャーは、現場を邪魔するような雰囲気があり、さらには部下の手柄は自分のものというタイプの人間だった。

退社を決定づけたのは、メンバー全員が最低評価をつけられたこと。よく評価してくれとまでは思わないが、成果は出ているのでさすがに心外だった。もちろん反発したが無意味。会社の上位層へも報告したが、末端社員よりマネージャーを重視するのが外資系企業なのだと知った。

製品そのものはとても気に入っていた。何より、完成していないのがいい。デフォルトで売ると他社に負けるが、だからこそ**顧客に向けてアレンジしやすく、アイデアをかたちにしやすかった。**

エンジニアとして、そしてコンサルとしての知見を生かせるので、わたしとの相性は最高だった。

ずっと自分が支えてきたという自負もある。

できればもっと長く、マイクロソフトに在籍していたかった。退社を決意したことを後悔してはいないが、それでも残念としかいいようがない。

□マイクロソフトのｘＲＭを任される

マイクロソフトを出た後は、アーンスト・アンド・ヤング（現：ＥＹストラテジー・アンド・コンサルティング）、フューチャーレイズ、ＨＣＬジャパン、と数社を渡り歩くことになる。

ただし、業務内容はマイクロソフト時代と同じだった。**マイクロソフトに「ｘＲＭを持っていってほしい」と頼まれた**のだ。

メンバーのほとんどが辞めてしまったわけだし、アイデアを出して顧客に提案したり育てたりする人は、マイクロソフトには残っていなかった。なお、当時のマネージャーは1年後には辞職させられたと聞く。

マイクロソフトに応募したときは技術者を志願したわたしだが、業務を通してCRMの面白さに気づき、まだCRMの道を進みたいと思っていた矢先のこと。まさに好都合だった。

このときからわたしは、xRMの拡販業務を引き継ぐと同時に、マイクロソフト内のCRMチームの教育担当も務めるようになる。

プラットフォーム型CRM、つまりxRMがマイクロソフトから始まったというのは周知の事実となり、今ではCRM2・0と呼ばれている。

それを、日本そして世界に広めたのはわたしだ。つまり、CRM2・0の第一人者、および提唱者、そしてCRMを提唱したアクセンチュアの意思を受け継ぐ正当後継者ともいえる。

わたしが出てくる前と後では、顧客サービスの世界は全く違うものとなった。ITがあれば、普通の人間でも世界をひっくり返せるという1つの例といえる。

ホームレス時代には夢に見ることさえなかったような状況だ。素直に、誇らしく思う。

新天地では、xRMのチーム作りから始まった。CRMチームもあるにはあったが、中央官庁のコンサルとして機能していたので、xRM専門の人材を探すしかない。とはいえ、xRMは半製品なので誰にでも務まるわけではない。少しずつ人を拡充し、フューチャーレイズ時代には10人まで増えた。HCLジャパンへ移るときも、メンバーの6~7人がわたしについてきてくれた。

環境とスキル、縁。全てが集結し経営者の道へ

会社を転々とせず、すぐに独立すればよかったのにと思うかもしれない。しかしわたしは、カリスマの下に就いて実務全般を担う参謀タイプだと思っていたのだ。

その分、マネージャーとの相性に振り回されるが、**人の上に立つことにも、マネージャーなどのポジションにもそもそも興味がない。**自分の軸はプレイヤーだし、現場を見ながら人をまとめるのは大変だとも思った。

会社に貢献し報酬をもらう、それだけで十分だ。報酬がふるわなくとも、ホームレス時代を思えば苦ではない。あの生活にだけは戻りたくない、その一心しかなかった。

そんなわたしも、2015年7月に経営のポジションに就くことになる。

社名はアーティサン。友人を助けるかたちで代表取締役3名の中の1人となった。代表が3人もいると、小さなことでも決裁するのに手間と時間がかかる。しばらく経ってから、代表を1人に絞ることになった。わたしは副社長の座に就任。何としてでも、社長の座は免れたかった。

アーティサンでもマイクロソフトのxRMを継続できたのは、チームメンバーがついてきてくれたおかげだと思っている。なぜついてきてくれるか理由を尋ねたことはないが、絶対的な安心感があるとは普段からよく言われる。

パフォーマンスを出す、そして**言うことが変わらずブレない**、感情の起伏はないし、何かトラブルが生じてもわたしが携わればすぐに片付く。

等身大の自分を慕ってくれるのは、やはり嬉しいものだと思う。

アーティサンは、独立採算制の複数チームで成り立っていた。

他の事業も全てITではあるものの、グループウェア（主軸はメールやファイル管理）、沖縄（内容に縛りはなく沖縄県に特化する部隊）、バスロケーションシステム（路線バスの走行管理など）とさまざまだった。

だから、基本的にはお互い干渉し合わない。しかし、わたしのチームが売り上げの半分以上を占めていた。会社がゆるやかに右肩上がりで成長しているのも、CRMチームが牽引しているからこそ。

となると、株主からCRMに投資すべきという声が上がるのは自然なことだろう。しかし、CRMについて社長は何もわからない。次第に、社長よりも**わたしの意見のほうが、影響力を持つようになっていった。**

2020年5月、社長により、4つに事業分割をするという決定がなされる。

□ 2020年、アーカス・ジャパンを設立

2020年7月に、アーカス・ジャパンはできた。設立当初、アーカス・ジャパン

の株はアーティサンが持っていたが、1年経たずに買い取ってほしいとの打診があり、わたしが100%保持することになった。

アーティサンのCRM事業本部をまるごと移籍したかたちなので、設立メンバーは15名程度。クライアントも製品・サービスもそのままだ。

得意先からは、「ようやく独立したんですね」と言われた。社員の立場だと、いつぃなくなるかわからず不安になるらしい。アーカス・ジャパンは企業なので、基本的に顧客がいる限りなくならない。オーナー企業になり、やっと安心したようだった。また、**マイクロソフトも本腰を入れて向き合ってくれるようになった。**

社長が考えるべきことは、想像以上に多かった。社員でいるほうが思いきりやすい。社長はより細かく、かつ社員には見せずにさまざまな手を打たねばならない。

社長というのは、社員にとっての精神的支柱なのだということも学んだ。わたしに余裕がなければ、社員は不安になる。だから大変なことがあっても、大変とは決して言わない。いつも自信満々で余裕をかましている。

アーカス・ジャパンは順調に拡大し、今では5社から成るグループ会社になった。主要な事業やトピックを紹介する。

・Y.M.Liberty（2022年7月〜）

東京で懇意にしているイタリア料理店「LIBERALE（リベラーレ）」の姉妹店を運営。この店のパスタを大阪でも食べたいと思い立ち、出資を持ちかけた。大阪の店舗はパスタ専門店で、店名は「LIBERALE PASTA」という。

・ボイドルーターシステムズ（2022年10月末〜）

ラトビア・Mikrotik社のブランド「RouterBOARD」のネットワーク関連製品を、日本で独占的に扱っている会社。ボイドルーターシステムズから話を持ちかけられ、本業の成長スピードを向上させるべく買収した。

・健康家庭料理&雑煮バー「膳」（2023年4月〜）

ＩＴ化が遅れている業界の1つが飲食業だ。昨今、ＡＩの進化で配膳ロボットが使われているが、飲食店はむしろ人と接するための場所だろう。

飲食業におけるＩＴ活用の正解を探るべく、「膳」をオープン。注文や配膳は人がし、一方、**在庫管理などはITを取り入れ最適化を図る。**

売りは無添加であることと、日本食の誇りでもある「雑煮」にフォーカスしている点。雑煮バーというフレーズは、商標を取得。今後、多店舗展開し、ゆくゆくは海外進出も目指したい。

・日本きくらげ（2023年10月〜）

富士山の清らかな水と無農薬で育てた極上の日本きくらげを提供するブランドの事業譲渡を受ける。

日本きくらげはアラゲキクラゲという日本固有の種類で、厚みがあり数々の栄養素を含んでいる。中でもビタミンDは、現代人の70％以上が陥っているといわれる「ビタミンD欠乏症」を解決するほどに豊富だ。

コンテナにＩＴを導入し、日本きくらげの栽培を効率化。主に、高級料亭へ卸している。

●ノイギア（２０２３年12月～）

アーティストとして活動している知人から、動画の制作と編集を行う事業を会社化したいと相談を受け、出資を開始。

今現在、本業とのシナジーは生まれていないものの、レーベルの立ち上げや飲食事業のプロモーション業務などへの拡大を画策中。

●アーカス・ウェルフォーム（２０２４年２月～）

日本きくらげの事業買収を経て、新たに立ち上げたのがアーカス・ウェルフォームだ。ブランド管理・運営、フランチャイズ管理をしている。

アーカス・ジャパンの使命は「おもてなしを世界に広げる」だ。会社が生まれてまだ数年。しかし、新しいことにチャレンジするのはわたしの性に合っているらしい。今後もますます拡大するつもりだ。

松原晋啓のお悩み成敗コーナー❶

「仕事が回っていない」編

Q

正直、仕事が回っていません。タクシーで帰ったり会社に泊まったりすることもありますが、全てが後手になってしまっています。しかし、上司は基本的に遠くから見守るスタンスです。どうすればいいのでしょうか?

仕事が回らず全てが後手になるのは、わたしも経験している。この状況に陥ったら、**どのような理由で仕事が回っていないのかを理解するのが先決**だ。

第一に考えられるのは、仕事ができるため過多に舞い込み、業務量が多くなっているパターン。優秀がゆえに積み上がっているときは、あらかじめ自分で優先順位を考えた上で上司に相談するのがいいだろう。

どの仕事にどのくらいの時間がかかっているか、最短で仕上げるべきことは何なのかをまず把握してほしい。それぞれの優先順位とスケジューリングを自分の中で整理したら、上司に自分なりの意見を述べるのだ。

いずれ何とかなると思うのは大間違い。**自ら動かずして他人が解決してくれることは、100%ない。**

業務量と工数の状況をあらかじめ上司に報告していれば、新しい業務を言い渡されたときもスムーズである。タスクのレベルを確認するだけで、優先順位と工数を簡単に整理できるだろう。

そうなれば、しめたもの。業務が想定通りに回り出す。

今日やった要件が翌日にコロコロ変わるようなときも、すぐに上司へ報告すべきである。要件が変わるたび、ゴールが逃げているだけだ。

理不尽だし、上司を介して発注主に改善を打診すべきである。

第二に考えられるのは、仕事が遅過ぎるためにタスクが解消されず、どんどん積み上がるパターンだ。

こればかりは、ただひたすら勉強する以外に改善方法はない。

特に裁量労働制であるなら、一刻も早く終わらせられるよう全力で努力すべきだ。あなたのもらっている**給料は、タスク全てを完璧にこなす対価として払われている。**タスクは毎日発生するもの。遅れれば遅れるほど、たまるのが普通だ。言い訳をしている間に勉強してほしい。

質問の感じからすると、上司への不満もありそうだ。

しかし、**上司はあなたが何も言わないから見守っている。**そもそも上司というのは、部下の数が多くなるほど忙しくなるし、一人ひとりの面倒を見てはいられない。話しかけてくれないほうが普通だ。

よって、自らコミュニケーションを取らねばならない。

ただ、これだけは忘れないでほしい。上司は自分よりも給料が高い存在だ。すなわち、**上司の時間は自分の時間以上に貴重**なのである。

自分で整理もせずに相談するのは、言語道断。

中には、「業務そのものが、自分に向いていないのでは」と感じることもあるかもしれない。適性面で迷いが生じたら、直属の上司やリーダーと飲みに行くなどして、根本的な問題があると考えているか、本音を聞き出すのもありだろう。

しかし、**そもそも一人前になるまでは、誰もが本当に向いているかどうかはわからないもの。**

考えてみてほしい。業務をこなせていない人に、適性があるかどうか判断できるはずがないだろう。

一人前になるには下積みが必要なので、最低3年はかかる。

適性を見極められるだけ十分に下積みを重ねたか、全力で倒れるまでやったのか、適性を疑う前にまず自問すべきだろう。

「適性か」の問いは、単なる言い訳。本質的な壁ではなく、**ただ努力が不足しているに過ぎない。**

もちろん、一人前になった後で「やはり向いていなかった」とわかることもあるだろう。しかし、その経験は無駄にならない。必ず生きる。

少なくとも、別の職に就いても前職での下積みがある分、ゼロスタートにはならない。

持病がある場合を除き、「向いていないかもしれない」と考えるのは時間の無駄である。

光過敏症の人はITに向かないだろうし、ADHD（注意欠陥・多動性障害）の人は設計書作成など緻密さを要する仕事に向かないだろう。しかし、それでも成果を出している人はいる。持病のない人が軽はずみな判断をするのは、努力している人に失礼だ。

あなたはきっと、**等しく可能性を持っている。**

第2章

甘えている人間は地獄を見る！　タイムリミットは35歳

35歳でリーダー職に就けない人間に未来はない

あなたは、「35歳ではまだ若い」「35歳までというのは松原だけの基準だろう」と思うかもしれない。

確かに、35歳を越えていても、勝負できるとは思う。35歳になってから開花する人もゼロではない。

しかし、35歳以上から本腰を入れたのでは、勝てる見込みが非常に低くなるのは間違いない。わたしの独断で言っているのではなく、残念ながら現代社会の仕組みがそうなっているのだ。

シニアマネージャーなど経営に参画してくる年齢は、実際のところ35歳ごろからというのが主流だ。早いと30歳過ぎで経営に携わる人もいるが、35歳辺りが一般的だと思う。

だいたい、30歳を越えるとリーダー職に就き出す。実際、**転職市場においても、35歳を越えてマネジメント経験が皆無の人間は評価されない**し、30歳を越えてプレイヤーしかやったことがない人は、わたしだって正直いらない。

35歳は、キャリアにおいてベンチマークすべき重要ポイントなのだ。35歳に照準を定め、人生を切り開いていかなければ、社会では勝ち抜いていけない。

ロ 35歳までは経験を積むことに注力せよ

大学卒業後に社会へ出る人の社会人生活は、22歳ごろから始まる。基本的に、そこから**最低3～5年は下積み**だと思ってよい。

わたしの場合は生き急いでいた感があるが、一人前に役割を果たせるのは下積みを終えてからと思うべきだ。そのくらいの謙虚さがないと、学ぶべきことを吸収しそびれる。

下積みの後、リーダーのポジションに就く人もいるだろう。しかし、**社会に出て12年は、現場で経験を積むことに専念して構わない。**

12年という数字には、特に明確な理由はない。しかし、大学卒業後の社会人人生は、干支を1サイクルとして考えると明瞭なのだ。

孔子は『論語』で「三十にして立つ。四十にして惑わず。五十にして天命を知る…」と記したが、22歳で就職した人が30歳で立つのはさすがに難しいだろう。30歳を越えると新たに求められることも生まれ、一人前というにはまだ不十分である。

だから、12年単位で考えるのだ。

- **22〜34歳：現場で徹底的に経験を積む時期**
- **35〜47歳：幹部として経営に携わり活躍する時期**

●48～60歳：後進を育てつつ、自らのセカンドライフを考える時期

35歳で経験が不足している人は、正直厳しい。プレイヤーと幹部の違いは、人のことを考えるだけの余裕があるかどうかだ。自分の経験を積んでいる最中では、責任あるポジションで人を育てるような余裕は持てない。

もちろん、幹部になっても成長はできるが、自分を高められるのは35歳までと思って現場に注力してほしい。

35歳からは、それまで現場で培った能力を、幹部として発揮するのだ。

逆にいうと、**早く経営に入るのはいいことだとは思わない。**自分の腕を磨く時期が短くなってしまうからだ。

わたしの場合、24歳で入社したインフラジスティックスで経営に携わり始めたが、26歳でマイクロソフトにジョインした後は、プレイヤーに立ち返り自分自身の力をつける時期を設けた。

また、社会的な信頼性も、30代後半にならないと出てこない。信頼がないと、同じ話をしても響き方がまるで違う。若過ぎると、見向きもされず悔しい思いをすることもあるだろう。

わたしが独立したのは30代のとき。しかし前章で記した通り、起業したのは成り行きでしかなく、もともとは「40歳ごろに完全独立かな」と何となく思っていた。

本書を手に取ってくれる人は、「早く大成したい」「上位職に就きたい」という向上心が強いだろうと思う。**志を高く持つことは大切だが、焦ってはいけない。**12年経ったら次のステージに向かう感覚をベースに、今すべきことに専念してほしい。

□ 35歳を越えると、身体的に無理が利かなくなる

35歳がタイムリミットであると断言するのには、社会的な事情だけでなく身体的な

理由もある。

もともとわたしは、1日10時間以上寝るような子どもだった。仕事を始めてからは寝ている場合ではなくなり、ほとんど毎日、1日3時間睡眠で暮らしていた。わたしの場合、「またホームレス生活に戻るわけにはいかない」という崖っぷちの気持ちも睡眠時間を減らす理由になっている。

しかし35歳になったころから、**3時間睡眠では疲れが抜けなくなった。**徐々に、体調を崩すことも増え始めたのだ。

若いころは体質を変えやすい。しかし、そうはいっても体が追いつかなくなってくるのが35～40歳なのだと悟った。35歳を過ぎると、休むことも意識しなければならない。今わたしは、5時間ほど寝るようにしている。

個人差もあるとは思うが、はちゃめちゃをやっても許されるのは、身体的には35歳ぐらいが限度だろう。

□ 管理職に適しているのは、精神面でも35歳以上

仕事に慣れスキルが高まってくると、第一線で活躍するようになる。そうすると、自分より劣る人間が目につくようになるだろう。しかし、そこでイラつくのは精神的に未熟である何よりの証拠だ。

ポジションが上がり、部下が増えるほど、ヒューマンスキルが必要になる。ときに現場の人間の手本となるべきシーンもあるが、自分のスキルを発揮したり高めたりするよりも、**周りをどう動かすかを考えるほうが大事になる。**

自分より劣る人間に対してイラつくのは、独りよがりでしかない。しかし、精神面が育ってくると、次第に落ち着きが生まれ、「周りをちゃんと生かしてあげないと」という気持ちが生まれてくるものだ。

精神面の優秀さも、管理職の必須条件なのである。

しかし**優秀な精神は、現場でがっついた経験がないと育たない。**誰よりも高いスキルを身につける覚悟で全力を尽くさなければ、精神は未熟なままなのだ。

本気になって向き合い、そして他者にイラついた経験を経てこそ、真の意味で豊かな精神は手に入る。

世の中には、本気を出さずに冷静に俯瞰しているだけの人間もいる。しかし、それでは社会のイロハを理解していることにはならない。

恥ずかしくてもみっともなくても、本気でもがくのだ。真剣にならずにわかった気でいるのは、一見大きく見えてもただの空洞でしかない。バレるのは時間の問題だ。

スキルの習得のためにも、精神の成熟のためにも、35歳までは目の前の業務に全力でコミットしなくてはならない。

20代で取り組んだことは無駄にはならない。ただし○○しなければ全て無意味

もしかしたらあなたは、「この仕事を続けても成長しないのでは」「無駄なことに時間を割いてはいまいか」と悩んでいるかもしれない。

わたしが断言しよう。

20代のうちは、何1つとして無駄なことはない。

実際にわたしも、ただの歯車としか思えないような仕事もたくさん経験した。アクセンチュア時代は、PCのスクリーンセーバーがかからないよう、複数台のマウスを定期的に動かすだけといった、単純作業だってやった。

しかし、今振り返っても、それすら無駄ではなかったと思う。

なぜなら、単純作業もポジティブに取り組むと、何かしら得るものがあるからだ。

ポイントは、ゲーム感覚でやること。

たとえば、**どうすればもっと速く対処できるか自分と戦うのだ。**マウスを動かすだけの単純作業であれば、どうすれば効率的にできるかを考えているうちに、無駄のない動きを極められる。ときには、機材のレイアウトすら最適化されるかもしれない。

業務内容によっては、ショートカットキーを覚えたり、エクセル関数を習得したりといったことだってあるだろう。アイデア次第で、自分のスキルを高められる。

わたしがどんな仕事でもポジティブに、そして本気で向き合う人間になったのは、崖っぷちの人生を送ってきたからなのだろうと思う。

親がいない、学歴もない、家もない。今いる場所から落ちてしまったら、二度と戻ってはこられないと思っていた。会社で生き残るために、頭1つどころか圧倒的に抜きん出なければいけない。なぜなら、出る杭は打たれるが、**出過ぎた杭は打てない**のだから。会社のためになることをし続けなければならない。

だから、たとえ単純作業であろうとも、ないがしろにはできなかった。

ちなみに、**頭がいい人は面倒くさがりなことが多い。**逆に、面倒くさがりだから、頭がよくなるともいえる。

作業が面倒だから、どうすれば楽に、かつ完璧に仕事を終わらせられるかと考えるのだ。楽をするためという目的があるからこそ、プログラミングだって人より早く習得しやすくなる。

楽になると、時間にも心にも余裕が生まれる。そういう人のところには、仕事がどんどん舞い込んでくる。これこそ、成功の秘訣だと思う。

ただし、**どんな仕事であってもポジティブにやること。**本気で向き合わず、気持ち半分で取り組んでいては、全て無意味になる。

この仕事は自分の役に立つかなんてことは、考える必要はない。目先で役に立つことよりも、本気で向き合うことのほうがよっぽど将来のためになる。

□職を選べるなら専門職に就け

もしこれから就職するのなら、わたしは迷わずに専門職を勧める。なぜなら、専門職はスキルとしての伸びしろがあるからだ。**スキルが高まるほど、稼ぎがよくなる。**

理想をいえば、日本はもちろん全世界で通用する専門職に就きたいところだ。エンジニアは、プログラミング言語が世界共通なので国内外で通用する。

調理師でもいいし、接客のプロでもいい。調理師なら包丁1本あれば戦えるし、接客となれば身1つで稼げるのだ。

ただ、歯車になるだけの職だけは避けること。歯車の代表格は、やはり営業だろう。営業はコミュニケーション能力を養えるという声もあるが、**営業で培われるようなコミュニケーション能力は、生きていく上で何の役にも立たない。**営業として精進しても、有用なスキルは得られないだろう。

そもそも営業というのは、商品価値を感じている人がいないからこそ成り立つ職種。ブランディングが確立されれば、客は自然とやってくるようになり、営業は用済みになる。営業では、本質的な課題解決はできないのだ。

また、総務職や事務職も避けるべきだ。営業同様に、役に立つスキルは身につかない。役に立つスキルを得られない職に、未来はない。

ロ 大手に行くかベンチャーへ行くかは大差ない

新卒では、大手企業が人気だと聞く。中でも、外資系の金融やコンサルを志望する人が多いようだ。

わたしは、大手でもベンチャーでもどちらでもいいと思っている。

大手は有象無象という側面があるが、スキルを磨くためのコンテンツがたくさん用意されている。自分で考えて自分で成長していこうという意欲のある人、学びたい欲求のある新人にはぴったりだろう。

ベンチャーは会社の規模が小さく、少ない人数であれこれこなさなければならない。そのため、若いうちからいろいろな仕事が回ってくる。とはいっても経験のない人間に全て任せるわけにはいかないので、嫌でも細々とチェックされる。広い経験を積めるので、新人が育つにはうってつけの場所だろう。

大手には大手の、ベンチャーにはベンチャーのいいところがあるのだ。

ただし、**指示待ち人間だけは、どこに行っても役に立たない。**

特に大手は、何千人、何万人の中で目立たなければ切られるのがオチなので、指示待ち人間は真っ先に見捨てられるだろう。

ずっと下っ端でいたいのなら、指示待ち人間でも構わない。下っ端が安心安定だと思うのなら、いっそ会社員ではなく公務員を選ぶべきだろう。

自分のキャリアよりも会社の利益を優先せよ

就活中も在職中も、この先どのようにキャリアを積んでいけるかというのは誰しも気になることかもしれない。

自分のキャリアは、一人ひとりが考えなければならない。全てを会社に委ねるわけにはいかないからだ。会社は、そこまで面倒を見てはくれない。

しかしながら、自分のキャリアを優先するのはナンセンスである。なぜなら、**会社はキャリアを積みたい人ではなく、会社に利益をもたらす人を欲しがるもの**だからだ。

そもそも会社は、永続的な存続を目指すもの。つまり、長きにわたって稼ぎ続けることこそ、会社にとっては最も大事なのだ。社員のやりたいことやキャリアは、会社にとっての優先事項ではない。

わたし自身は、自分のキャリアを考えてはいたものの、キャリアにこだわっているわけではなかった。

徹底的に考えたのは、自分のキャリアよりも、会社に、そして社会にしがみつくためには、どのような人間になればいいかということ。社会に求められる人とは、優秀なプレイヤーとはどんな人なのかを追究したのだ。

エンジニアの一般的なキャリアパスは、スキルを身につけて、幹部へと上がっていく流れ。だから、そうなるにはどのようなことが必要かを考え抜いた。

要は、**「会社を稼がせるためには」という発想を軸に、逆算で考える**のだ。会社を稼がせるには、自分にはどのようなスキルや経験が必要か。必要なスキルや経験は、どうすれば養えるのか。

今の世の中は、やりたいことを見つけるのが正義というような風潮だが、**会社から求められる人材になることのほうがよっぽど大事**だと思う。自分のやりたいことは、二の次にすべきだ。

だから、**与えられたポジションで自ら楽しむための努力が必要**なのである。

自分の視界に入っているものからやりがいを見つけるような働き方を続けると、世界は自然と広がってくる。

「そうはいっても、松原はマーケティングに携わっているのだから、華やかで誰もが楽しいと思うような世界なのだろう」と思うかもしれない。

しかし前述したように、わたしはマーケティングに限らずあらゆる仕事に全力を注いできた。むしろ、華やかなシーンよりも、泥くさい仕事のほうが多かったと思う。

もしあなたがＩＴ業界にいるなら、まず技術スキルを極めるのが第一ステップだ。ただ作れるだけでは不十分。人に教えられるレベルまで、技術スキルを磨くのだ。人に教えるには、コミュニケーションスキルが必要になる。とすると、第二ステップではコミュニケーションスキルを極めることとなる。

わたしの場合、技術力を極めるポジションからスタートしたのは幸いといえるかもしれない。技術力がなければ、人に説明できずマーケティングもＣＲＭのプリセールスも務まらなかった。

逆に、ベースは技術者でありながら、クライアントの経営について理解せねばならないシーンが多かったのも特徴的だと思う。必要に迫られ経営を学んだ結果、自分ならではの経営論が生まれ、今に生きている。

わたしは決して、経営をしたかったわけではない。目の前の仕事に本気で向き合い、

必要なものを吸収するうちに、自然と次の道が拓けていたのだ。

目の前の仕事から意義ややりがいを見出せない人間には、誰も仕事を任せてはくれない。仕事を任せられないというのは、給料を支払う意味がないというのと同義だ。

たとえプロであろうとも、お金にならなければ意味がない。どんなにいい人材であっても、よさが会社の稼ぎにつながっていなければ無意味だし、そもそもわかってもらえなければ価値はないのだ。

自分のやりたいことが見つからないというのは、全て言い訳である。逃げ続けているに過ぎない。

「ここでできることがない」「自分のやりたいことがない」とネガティブな感情で転職する人は、次の場所でも絶対に成功できない。今の会社に不満はないが、次の場所でチャンスがあるから動くというなら、成功の可能性がある。

人の思考は、楽なほうに流れるようにできている。だからこそ、ときには思う道と逆方向に進むのも手だろう。

逃げ癖は、一度ついたらずっと治らない。肝に銘じてほしい。

□ 30歳を過ぎたらソフトスキルの向上を意識せよ

そもそも、会社は学校ではない。仕事を通じて学びを得たいという気持ちはわからないでもないが、**会社は学ぶのではなく、学んだことの成果を発揮する場所である。**会社のお金で学ぶのはもってのほか。会社で教わろう、育ててもらおうと考えるのもおかしいことだ。

ちなみにマイクロソフトでは、社員をソフトスキルとハードスキルの2つの指標で評価する。

人間力とも呼ばれる本質的なスキルがソフトスキル、英語やプログラミング言語など技術的なものがハードスキルだ。

20代のうちは、ハードスキルの獲得に全力を注いで構わない。しかし、ハードスキルはある程度まで獲得するとそこから伸ばすのは難しく、人と差がなくなる。

30歳からは、ソフトスキルを磨くことを意識してほしい。コミュニケーション能力や、人への対応力もソフトスキルの一部だ。

ソフトスキルが高まると、人から好かれるようになる。人というのは不思議なもので、同じような器の大きさの人間が集まるようにできている。**自分の器が大きくなるほど周りの人間の器も大きくなる**ので、どんどんいい循環が生まれる。

ただ、ソフトスキルは、身につけるのがとても難しい。なぜなら、自分の価値観や考え方は、そう簡単には変えられないからだ。

人からアドバイスされても、自分自身が変わろうと思わなければ決して習得できないのも特徴的。自ら学ぼうという意識がなければ、何も得られない。

ソフトスキルを習得する手段は唯一、自分で願い、信じ続けることだけ。自己暗示を続けると、次第に脳がその通りに動くようになる。

ソフトスキル磨きに終わりはない。35歳を上限と思わず、ソフトスキルは生きている限り高め続けるべきである。

□ 社会に出た瞬間、血みどろの戦争が始まる

そもそも社会は、競争で成り立っている。会社も競争。競合に勝たねばならないし、社員は同僚に勝ち、上司や先輩を追い越していくといった気概がないと存続できない。

わたしが若かったころは、社会に出る前から競争だらけだった。テストで成績が悪いと補習が待っているし、ときには呼び出しを受けることもあった。学校外でもヤン

キーが山ほどいて、常に勝ち負けの場にさらされていた。

そもそも生物は弱肉強食なのだ。勝ち上がらないと生きていけないことを、嫌というほどに体感した。

ところが今の社会は、運動会で競争させない、通知表が廃止されるといったように、子どもの競争機会をどんどんなくす風潮になっている。

だが、**社会は人を守ってはくれない。**今の若者たちは、就職した途端、いきなり競争社会に出されてしまうのだ。

競争経験の少ないまま戦場に出されるのは、あまりに酷だろう。

わたしは、子どもから競争を排除するのではなく、**負けた者にやり直す場、勝ち上がるための機会を提供するべき**だと考えている。

誰もが必ず、一度は負けを経験する。負けても再起するためのチャンスがあると思えば、勇気を持って戦えるはずだ。それこそ助けの手だと思う。

社会に出たら、下りエスカレーターに乗っているようなものだと思ってよい。競争社会では、普通に歩いているのは、その場に留まり続けるのと同じこと。昇りたいのなら、社会のスピード以上に速く進まなければならない。

努力を重ねている人は、「わたしは頑張って昇ろうとしている」と言いたくなるかもしれない。しかし、「頑張る」というのは他人が人を評価するときに使う言葉だろう。

自分で自分を「頑張っている」と評価したら終わりだ。

自分に「頑張った」という言葉をかけるのは、言い訳や逃げでしかない。周りから頑張ったと言われて初めて、「よくやった」「評価された」と思うようにしてほしい。

帰宅後は深夜3時まで勉強。これを続けられた、たった1つの理由

今の世の中は、残業をしにくくなっている。しかし、退社した後に仕事の勉強をするのがいけないとは言われていない。

技術職で最も大事なのは、プログラミングである。プログラミング言語を事前に覚えておかなければ、会社へ行っても実際にプログラミングできない。

他にも、クライアントの要件を詰める、リーダーとしてチームをまとめる、ネットワークを組む、チューニングするなど、技術職の業務は多岐にわたる。

たとえばＪａｖａには、サーバーサイドやクライアントサイドがあるし、メール

サーバーを作ることもあり、目的や担当業務はさまざまだ。

求められる技術はそれぞれ異なるので、毎回先回りして学ばなければならない。だから、下積みを終えても学びは続く。

さもなければ、次第に仕事が回ってこなくなるだろう。責任を持って業務を全うするというのは、並大抵の努力では成し得ないのだ。

社会人のキャリアは、35歳までにどれだけ自己研鑽を積んだかで決まるといっても過言ではない。

わたしは、深夜3時まで勉強すると決めていた。とはいっても会社を出るのが遅かったので、終電で帰って夕飯を食べたら、勉強時間は1時間や1時間半ほどしか確保できない。

わたしの場合、学歴は高卒と変わらない。自分以外の人は大学で基礎知識としていろいろなことを学んでいると思っていた。どれだけ学んでも、人並みになったかどうかわからない。だからこそ鍛錬しなければと、焦るとともにやる気が高まった。基礎は会社の業務時間外でやる。**現場は、外で学んだことを生かす応用の場。**そういう意識で取り組んだ。

□やる気が起きなければ寝てしまっていい

かといって、学習時間を長く取ればいいということではない。大事なのは、どれだけ時間をかけるかではなく、いかに集中するかだ。**学習効果が高まるのは、興味が湧いているとき。**だから、やる気がなければやらなくて構わない。そのぐらい割り切っていいと考えている。

そもそも人には、バイオリズムがある。ホルモンや自律神経の関係もあり、やる気が起きない日があるのは普通のことだ。もちろんわたしだって、やる気の出ない日はある。

勉強する**最大の目的は、続けることではなく、自分の人生を豊かにすることだろう。**だから、細かいことは気にしなくていい。やる気が起きないのには理由があるのだし、身体の声を聞き、コンディションを優先するほうが大切だと思う。

また、やる気が出ること、興味のあることだけ勉強するのも大事だ。仕事をしていると、知りたいと思うことが何かしら必ず見つかるだろう。**知りたいと思うのは、まさに気力が満ちているサインだ。**心身の調子がいいので、エンジンを全開にして取り組むべきである。

勉強を続けていると、仕事の役に立ったと感じるシーンが必ずやってくる。その瞬間のやりがいや、仕事の幅が広がる喜びを原動力にするのも大事である。

□ 自分の感情をオンにするスイッチを持っておく

要は、いかにして興味を向けるかが重要なのだ。ちなみにわたしが興味を持つかは、

感情移入できるかどうかで決まる。

ただ参考書を読んでいるだけでは、すぐに眠くなってくる。しかし、その方法で成功した人のストーリーを知ると、「かっこいいな」「こうなりたい」と興味が湧き、自然と目が冴えてくるのだ。

会計や経理など、アカウンティングの勉強をしたときは、あまりに難しくて取り組む気にならなかった。そんなときは、ドラマや漫画でモチベーションを高めた。

法律は、『ミナミの帝王』から始めた。『ミナミの帝王』は、法律の知識で悪者を成敗する漫画で、実写化もされている。

わたしは、「法律を知っていると、こんなにかっこいいことができるのか」と感銘を受けた。すると、法律の内容が、頭にスーッと入ってくるようになった。

やる気のない状況が続くのが、最もいけない。漫画やドラマは休日と決めず、平日だって見ていい。やる気が起きないときは、興味を高めることを最優先すべきだ。

それでも、どうしてもやる気の起きないときもあるだろう。どうしようもなくなったら、わたしは宮城谷昌光氏の『孟嘗君《もうしょうくん》』を読むようにしている。孟嘗君は、戦えば必ず勝つ、負けたことがない人。かといって積極的に力を使うわけではなく、人望が厚く人から好かれていた。

わたしも人として好かれたいし、いざ力を使うなら負けたくはない。だから孟嘗君には、心底憧れる。『孟嘗君』を読むと、心が自然と燃えてくる。

□休日は、仕事は忘れて全力で遊べ

平日は昼夜問わず仕事に全てを注ぐ。一方、休みになったら、全力で遊ぶのがよい。**集中力を保つには、切り替えが大事。**休日は、仕事なんて気にしなくていい。遊びだって体験だし、学びでもある。

ただし、仕事も遊びも全力で向き合うこと。中途半端が一番よくない。

わたしは、休日はバスケをすることが多い。ときには、温泉やテーマパークへ行くこともある。

ITの仕事は、基本的に精神的な疲労しかなく、体力が余ったままであることが多いのだ。精神と身体の疲労のバランスが悪いと、いくら寝ても回復しない。

だから、休日は体を動かす遊びを積極的にしていた。

人によっては、「全力で遊ぶとは、具体的にどのようなことをするのか」と疑問を抱くかもしれない。わたしが考えるに、全力の遊びとは、目の前にあるものに集中し、**自分の中に「なぜ」の問いをたくさん立てること**だ。

観光地にせよ、うまいものにせよ、出かけた先にはそこでしか経験できないものがたくさんあるだろう。日常では得られない気づきで満ちているはずだ。

そのときに、「なぜ」の問いを立てるのだ。温泉に行き落ち着いたのなら「なぜ落ち着くのか」と考える。ワクワクするなら、「なぜワクワクするのか」を考える。

行列ができている店があったら、どうして行列になるほど人気が出るのかと考えるのもいいだろう。

疑問を持つと、人間力が高まる。つまり休日は、ソフトスキルを向上させるための絶好の機会なのだ。

遊びの中でしか得られないものは、意外と多い。

平日をオン、休日をオフと呼ぶ人もいるようだが、わたしは正直、その表現が好きではない。**曜日を問わずいつもオンであるべき。**どんなときでも、目の前のことに一生懸命であるべきだと思う。

寝ている時間だって、疲労回復と記憶の定着を目的にしているのでオンと呼べるだろう。オフになるのは、死んだときだけだ。それまで常にオンであり続けることこそ、仕事はもちろん自分の人生を豊かにするためのカギだと思う。

□ 体調不良は言い訳でしかない

徹夜をできるのも、35歳ころまでの特権だろう。規則正しい生活も大事だが、35歳までであれば多少の無理は利く。

しかし、体の声を無視してはいけない。

体は、具合が悪いと事前に何かしらのサインを出してくる。風邪をひくと喉がイガイガしたり節々が痛くなったりする。胃腸に問題があると、血便が出ることもある。

体調不良には誰もがなるし、仕方のないことだと思う。

しかし、放っておいて悪化させるのは論外だ。無理をせずに休み、**健康を維持するのも大事なスキル**だと覚えておいてほしい。

同時に、体調を崩しても問題ないよう、自分の仕事のタスク管理をするのも大事である。3日の猶予がある仕事を、3日間フルで使ってこなしているようでは二流と言わざるを得ない。2日目まで予定通りに進んでいても、最終日に体調を崩す可能性だってあるのだ。

仕事に取り組むときは、最悪1日潰れてもいいようにバッファを持ち、前倒しで取り組むこと。

体調に振り回され納期を過ぎるような人間は、プロの世界では通用しない。

「やりたいことが見つからない」編

Q

今の仕事は特にやりたい仕事というわけではなく、かといって他に何か目指したいことが明確にあるわけでもなく、フワフワした気持ちで働いています。どうすれば、「自分軸」で働けますか？

要は、**仕事に求めるものがブレている**のだろう。

わたしの場合、仕事に求めるのは「やるべきこと・やらなければならないことを楽しむこと」である。ＩＴ業界に入ったそもそもの目的はお金だったが、ここまで続けられているのは楽しめているから。楽しめたものは、全て向いているのだと捉えている。

しかし、おそらく他の仕事でも楽しめていたのではないだろうか。とすると、結局どの仕事に就いても極めたくなり、どの道をたどっても、やはりバーサタイリストへとつながっていたのではないかと思う。

あなたは今の仕事をどのくらい続けているだろうか。

長く続けられているのは、向いている証しだ。お悩み成敗コーナー①でも言った通り、適職かどうかは誰にもわからないので考える必要はない。

やり続けられているのは、それだけ才能があるということ。

このまま努力し続ければ、いずれ天才になる。**天才になるまでやり込めるかどうかは、「楽しめるかどうか」にかかっている**のだ。

自分がどうすれば楽しめるか、仕事に何を求めるか、改めて考えてほしい。

適職は、見つけるものではなく作るもの。

今後、「あの仕事をしてみたい」と思うものに出合うかもしれないが、よさそうに見える仕事も、実際にやったら「こんなに地獄ばかりなのか」と思うのがオチだ。仕事というのは、そういうものなのである。

SNSを見ていると、誰かに憧れを抱くこともあるだろうが、内実を知ったら驚愕するに違いない。輝いて見える人はみな、血反吐が出るような努力を重ねているものだ。

簡単に成功したかのような華やかさは、脚色でしかない。

なかなか真似できないような努力を重ね、**結果を出したからこそ、華やかに見せられているる**のだ。逆に、結果さえあれば過去はいくらでも脚色できるとも言い換えられる。

しかし、結果が出ていなければ何ひとつ脚色できない。脚色したとしても、説得力はゼロだろう。

憧れを抱いたら野心に変えて、まずは今いるところで結果を出すべきである。そうすれば職を変えずとも、憧れを感じるような華やかさを身につけられる。

隣の芝生は青いもの。他人を見て、自分軸を作るのは意味がない。

自分軸は、自分を見つめるからこそ気づくもの。自分としっかり向き合ってほしい。

第3章

1人で10人分の価値を生み出す。「バーサタイリスト」になるための方法

社会で最終的に求められるのは「バーサタイリスト」だ

35歳まで、現場でもがき全力で駆け抜ける。そう心に決めたあなたには、目標とする姿はあるだろうか。人でもいいし、在り方でもいい。目標は具体的なほど、叶えやすくなる。

目標は、業界や業種によって変わるだろう。しかし、どの分野においても共通しているのは、最終的に求める姿は「バーサタイリスト」というポジションになることだ。

バーサタイリストという言葉は、わたしは渡米した後で知ったが、アメリカではすでに当時から一般的に使われていた。

バーサタイリストとは、「スペシャリティ」を持った「ゼネラリスト」のこと。誰にも負けないものを1つ持ちつつ、それ以外の分野でも人よりも頭3つほど抜きん出ている人を指す。

頭3つ分も抜きん出なければならないのは、会社に存在している業務にまつわること全てにおいてだ。

経営・人事・総務・経理、そして社会人として必要な知識全般を持っていなければならない。MBA（経営管理）とMOT（技術経営）の両方だ。もちろん、エンジニアリングもプロジェクトマネジメントの能力も含めて、必要なことは全て習得する必要がある。

もともとアメリカは、スペシャリストを重んじる文化である。一方、日本はゼネラリストが評価される文化といえるだろう。

その両方を掛け合わせたバーサタイリストは、求められる人材の「究極系」とも言い換えられる。だから、あらゆる分野の最終地点はバーサタイリストになるのである。

□無我夢中の日々の先でたどりついた「バーサタイリスト」という道

普通に生きていては、バーサタイリストには到底到達できない。「バーサタイリストを目指している」という声はよく聞くが、バーサタイリストは実際には存在しないものと思われている。

しかしながらわたしは、インフラジスティックスに在籍していたころ、突如として同僚に言われたのだ。「お前はバーサタイリストだな」と。不意に言われたこともあり驚いたが、嬉しい気持ちのほうが上回っていたように思う。

インフラジスティックスでは、それまで培ってきた知識や経験を全て使うような状態だった。だからこそ、「バーサタイリストだな」という言葉は、それまでの自分を肯定する言葉でもあったのだ。

バーサタイリストとしての側面は、マイクロソフトへ移りさらに磨きがかかった。

xRMはあらゆる業界に適応できるものなので、常に異業種を学ぶような状態だったからだ。xRMを提案する際は、対峙している相手と同等の知識と見識を持っていなければならない。もちろん、各分野のスペシャリストほどではないものの、**人一倍、理解している自信があった。**

わたしは、自分で意識してこの場所にたどりついたわけではない。

若いうちから会社員として働き出したこともあり、言われたことは何でもやってきた。必要とあらば何でも学び習得したし、ときには専門家に頭を下げて教えを請うこともあった。もちろん雑用もたくさん回ってきたが、雑用を含めあらゆることに全力で取り組んだ。

もともとわたしは技術者としてのスペシャリストを目指していたわけだが、技術だけに集中するのは仕事が許してくれなかったし、何より**会社に必要とされる人材になりたかった。**

会社に必要とされるには、野球にたとえるなら**「投げて打って走れるプレイヤー」**にならなければいけない。

そして幸か不幸か、崖っぷちを経験しているというバックグラウンドも大きい。何でもできないとダメだと思っていたので、根性は人一倍あった。

一人で生きてきた、ゼロから這い上がってきた。そして、**他人は裏切るものという経験を山ほどしているので、人への期待もない。**

未成年のころに築かれた「自分一人で全てできるようになりたい」という強い意志も、バーサタイリストの域に到達するための一助となったのだろう。

バーサタイリストというポジションに到達する上で不要だったと思うものは、過去をどれだけさかのぼっても、何1つない。

□バーサタイリストになると、「たった一言」で全てがわかるようになる

バーサタイリストになると、世界が変わる。

中でも特に大きく変わるのは、**本質を見抜けるようになる**点だ。

直感と直観の違いを知っているだろうか。論理的思考に基づかず、感覚的に推理するのが直感。推理によらず、直接的・瞬間的に、物事の本質を捉えることを直観という。

スペシャリストは、極めたものの目線でしか物事を見られない。

ゼネラリストでは、広い視野はあっても深みが足りない。すなわち本質を探ろうとしても、直感的にしか推測できないのだ。

しかしバーサタイリストになると、直観的に最適解を導き出せる。横軸と縦軸の両

方で知識と経験が広がっているため、俯瞰して少し考えるだけで、本質にたどりつくからだ。

そしてどんなことであっても、**本質をたどると同じところに行き着く。**本質というのは、そう多くない。

わたしも、さまざまな職種のプロフェッショナルとして働いてきた。マーケティングも営業も経験した。しかし、どの職種に就いていようとも、**結局のところはサービス業なのだ**と感じた。

すなわち、自分がいいと思う製品であっても、売れなければ意味がない。売れたとしても、クライアント、そしてエンドユーザーが喜んで使ってくれなければ意味がないのだ。

このロジックは、職種にかかわらず不変の事実だろう。つまり、どの職種も目指すべきものは同じなのだ。

職種はただの手法でしかない。

そうはいっても、営業なら直接クライアントに向き合えるが、マーケティングはクライアントとは直接やりとりをしない。マーケティングでは、エンドユーザーを大切にするのも大事だが、営業や製造部門に気に入られるのが重要だと思う人もいるかもしれない。

しかし、営業や製造部門は、どのような人間を気に入るのだろうか。

営業が目指しているのは、クライアントに買ってもらうことだろう。製造部門も、売れることを目指している。

そして長く売れ続けるには、エンドユーザーに喜ばれる必要がある。とすると、マーケティングの立場であっても、結局のところはエンドユーザーに喜ばれるために役立った者こそが、営業からも製造部門からも気に入られるのではないか。

対峙している相手は違えど、目指すものは一緒なはずだ。本質は一緒なのである。

固定観念が自然となくなる点も、バーサタイリストの大きなメリットだと思う。さまざまな見方があることを知っているから、視点のレイヤーが上がるのだ。「鳥の目」とは、まさにバーサタイリストの視点を指す言葉だろう。

特定の時期、特定の場所ではあたかも正しいことのように思われることも、場所や時間が変わると価値観がひっくり返る。それこそ固定観念だ。仕事をする上で、固定観念ほど不要なものはない。

どれだけ正しく思えても、真に正しいかどうかは、常に疑わなければならない。そうすることで得られる視点がある。

本質だって見抜けるし固定観念からも解放されているから、バーサタイリストは説明もシンプルになる。逆に人から話を聞くときも、たった一言でも何を言わんとしているかがわかるようになるのだ。

今すぐ始められる！バーサタイリストになる方法

バーサタイリストになるのは、決してたやすいことではない。そもそも日本はもちろん世界中を探しても、バーサタイリストはなかなか見つけられないだろう。

第1章で記した通り、わたしはもともと数学的な分野こそ得意ではあったものの、赤点だらけの問題児だ。

それでもここに到達できたのは、**仕事に全てを注ぐ日々を10年以上続けた**というのが大きいと思っている。若いときだからこそできたことではあるが、体にも相当な負荷をかけた。

たやすい道ではなくとも、バーサタイリストを目指したい。その覚悟があるのなら、**まずはスペシャリティを1つ築くところから始めてほしい。**わたしのようにエンジニアでなくても構わないし、世界的に通用するものなら何でもいい。

ゼネラリストではなくスペシャリストを最初に目指すのは、**スペシャリストになると誇りが生まれる**からだ。険しい道中では考えが揺らぐこともあるだろう。しかし、スペシャリティが1つあれば立ち返ることができる。

ちなみにスペシャリティがないと、バーサタイリストはおろか、ゼネラリストにすらなれない。

ゼネラリストとは、全てにおいて平均的にできる人を指すわけではなく、何事においても頭1つ抜きん出ている人を指すからだ。さまざまな分野において知見を十分に深めるのは、何か1つよりどころとなるものがないと厳しいだろう。

ゼネラリストになるのだって、本来はとても難しいことなのだ。

まずは、自分の武器を見つけてほしい。

□スペシャリストになったかどうかの見分け方

自分がどんな武器を持つかを決めたら、その武器のスキルをどんどん高めていく。スキルを効率よく磨くには、どんな手法を取るのがいいかと悠長に考えている暇はない。何より、**現場に1回でも多く立つこと。**そして、トライ&エラーをどんどん繰り返していくのだ。

わたしがグリーンシステムに在籍していたころは、まさにスペシャリストへの道を一目散に駆け上がっていたことになる。

会社では頭を下げて教えを請い、終業後は近くの本屋で専門書を読みあさり、さまざまな専門知識をどんどん吸収しては現場で試していった。

スペシャリストになったかどうかは、決して自分一人で判断してはいけない。なぜなら、自己評価ではどうしても私情が入るし、正確に判断できないからだ。
そもそも自分で自分を判断するのは、一生できないことだろうと思う。

スペシャリストになると、他人が知らせてくれる。

「○○だったら、あなただよね」と、周囲が自然と話し始めるのだ。自分の所属している部署だけでなく、他部署でも言われるようになったら、スペシャリティを極めたと思っていいだろう。

何せ、スペシャリストというのは自然と目立ってしまうものなのだ。だから、人からどんどん話しかけられるし、頼られる機会が格段に増える。

特に、**仕事と関係のないことで頼られるのは、スペシャリストの証し。**

たとえば経理部に所属しているなら、業務上の相談をされるだけではまだ担当者の域を出ていない。業務関連ではなく、プライベートなこと、たとえば家計の相談を受けたなら、スペシャリストとして認められていると思っていい。

勘のいい人は、気づいただろう。**スキルを磨くだけでは、スペシャリストにはなれないのだ。**性格のねじ曲がっている人に、プライベートなことを相談しようとは思わない。

スペシャリストは、その職種におけるハードスキルはもちろん、**人格面でも卓越していなければならない**のである。そもそも仕事というのは、人一人では成り立たない。

スペシャリストとして十分なソフトスキルを身につけていれば、ゼネラリストやバーサタイリストになっても生きてくる。

「ハードスキル」と「ソフトスキル」の、両輪を意識してほしい。

ロ スペシャリティを補完するものをどんどん習得していく

スペシャリストになったら、スペシャリティを補完するものを次から次へと身につけていくステップに移る。

森をイメージするとわかりやすい。自分自身のスペシャリティが御神木、そして補完目的で学んでいくのが周囲の木々というわけだ。

地上の見えている部分は、仕事で成し遂げたこと。土の中は、自分で学んだものだと思ってほしい。そうすると、根っこ、つまり自己学習がいかに大切かわかるだろう。根がしっかり張っていなければ、立派な御神木にはならない。御神木がしっかりしていないと、豊かな森にはならないのだ。

わたしの場合、御神木はエンジニアということになる。どんな御神木を立てるかは人によって異なるので、周囲に生やす木々も人それぞれだ。

広報のスペシャリストであれば、心理学やデザインのスキルから学び始めるのもいいだろう。調理師のスペシャリストは、別ジャンルの調理はもちろん、接客や酒を学びたくなるかもしれない。

一見関係なさそうに思えることでも、興味が湧くならどんどんチャレンジして構わない。軸となるスキルが確立されているので、自分自身がブレることはないからだ。そしてどんなことも、いずれ必ず何かしらの役に立つ。

バーサタイリストになるかスペシャリスト止まりかの大きな違いは、スペシャリティと直接的には関係のなさそうなことにも、いかに興味を持って向き合えるかにかかっている。

趣味のような気持ちで取り組んでいたらスペシャリスト止まりかもしれないが、仕事として本気で向き合っていれば、必然的に周囲の知識を身につけたくなるものだ。そう考えると、**スペシャリストは、バーサタイリストの入口に立っている**とも言い換えられる。

ただし、スペシャリティを極めたからといって天狗になっているような人や、経験はおろか学びもせずただ傍観している人は、バーサタイリストには決してなれない。どんなことでも、好奇心を持って向き合うこと。子どもは好奇心が強く、どんなことでもすごい勢いで吸収していくだろう。あのイメージだ。

金になるからではなく、「知りたい」「面白そう」という純粋な好奇心があってこそ、バーサタイリストへの道は拓ける。

奮起して邁進してほしい。

□時間の壁が立ちはだかったら、本能に従って優先順位をつける

バーサタイリストを目指し始めると、それまで以上に時間がなくなる。とはいっても最低限の睡眠は必要なので、前述した通りわたしは3時には寝ると決めていた。

エンジニアの高みを目指していたときも学ぶべきことは山ほどあったが、フィール

ドを広げるとやるべきことは次から次へと生まれる。

ときには、やりたいことが膨大過ぎて、心が押しつぶされそうになるかもしれないが、そう難しく考えることはない。

なぜなら、バーサタイリストを目指すには、量以上に質、つまり先ほど言及した純粋な好奇心が大切だからだ。

優先順位は、本能で考える。**決して頭で考えてはいけない。**新しいことに取り組むときは、**「何を知りたいか」と自らに問いかけ、心に従う**のが大事だ。

早く成長したいと思うほど、どの順番で学ぶのが効率的かと考えたくなるかもしれないが、冷静に考えているうちに、好奇心が削がれては元も子もないだろう。

会社で重宝されそうなもの、求められそうなものから学ぼうという気持ちもいいことではあるが、取りかかるものは自分軸で決めるのがよい。

集中してやれそうなもの、今すぐ知りたくて気持ちがはやるものこそ、すぐに着手すべきである。

わたしは、学んでいる途中で投げ出したこともある。

投げ出した学問の代表例は、心理学だ。心理学はある程度の基礎こそあるものの、どんどん新しいものに派生していく。ユングの夢分析に行動心理学、犯罪心理学など学問系統があまりに多く、しかも一つひとつが奥深い。

好奇心が湧いた分野があまりに広く深過ぎる場合は、ベースの知識をどこに置くべきかを考えるといい。**ベースを学んだら、次はそれと関連するものへと学びを広げる。**ロジックツリーで考えると、自然と順番が決まってくる。

しかし、わたしは**途中で投げ出してもいい**と思っている。やりきることよりもモチベーションのほうが大切だからだ。

集中力が続かなくなったら、下手に抵抗せずいっそ一度横に置き、別の気になることに移ってしまって構わない。集中力を高めようと躍起になっても、好奇心が高まることはまずないからだ。

もちろん、あれもこれも投げ出していては全てが中途半端になるので、できる限り極めてから次に進むほうがよい。

そして、**学んでいるときは、そのことしか考えないこと。**そもそも好奇心の湧いている状態で学んでいるなら、楽しくて他のことを考えている余裕はないはずだ。

学び終えたら、しばし休憩。自分の本能の導く先を改めて確認したら、また新しい学びに着手しよう。

転職してバーサタイリストを目指すのもあり！

会社の向かう先と自分の目指す先は、最初はそれなりに合致しているものだが、バーサタイリストを目指し高みへ行こうと思うと、徐々にすれ違ってしまうこともあるだろう。

時間とともに会社とズレが生じるのは、致し方ないことだと思う。ときには、自分の方向性は変わらずとも、会社の方針が変わるパターンもある。

わたしは、基本的に転職には賛成している。

在職期間が短いと転職しにくくなるという話は聞くが、1年いれば問題ないだろう。1年しっかり取り組んでいれば、会社で何かしらの結果を残せているはずだ。

結果を出せているのなら、欲しがる会社はきっと見つかる。1年を待たずとも出ていいと思う。

しかし、**ネガティブな理由では転職してはいけない。**

たとえ現職で評価されないのが不満であっても、そのままの状態で移ったら次の会社でも評価されない。

評価されたいのなら、どうすれば評価されるのかを考え、そのための努力をするべき。それが厳しければ、ただひたすらスペシャリティを極めることを追求すべきだ。働き先を変えるよりも、自分を変えることのほうが先決である。

転職するときは、会社の規模や社名で判断しないこと。会社の大きさも知名度も、自分の目標とは関係ないだろう。自分がそこで何をできるかで、転職先を決めるべきだ。

わたしの最初の転職先は、アクセンチュアだった。

アクセンチュアに行くと決めたときは、周囲の人から「あの憧れ企業に」といわんばかりの羨望の眼差しを受けた。

しかし、わたしがアクセンチュアに移ったのは「上位職の経験を積みたい」と思ったからだ。有名な会社だからではない。そもそもわたしは、アクセンチュアという会社を知らなかった。

下流の仕事に特化しているグリーンシステムでは、自分の可能性をこれ以上広げられないと思ったから転職を決意したのだ。


二度目の転職を決めたのも、アクセンチュアでは、現場でできることは全てやりきったと思ったからだ。次は製品を持っている会社で働きたい、さらに高みへのぼるにはどうしたらいいかと思ったときに、渡米という選択肢が生まれた。

いずれにせよ、会社の大小で転職を決めたわけではない。

ロハードスキルが不足していても転職には果敢にチャレンジせよ

人を採用する基準は、会社や担当者によって異なるが、わたしの会社では**やる気があるかどうかを何より重視している。**

「やる気があります」とは誰もが言う。しかし残念ながら、やる気のある人ばかりではない。

本当にやる気があるかどうかは、目の輝きでわかる。ただ言っているだけの人は、生き生きとした目をしていない。

ちなみに、中途採用であっても経験は求めていない。なぜならハードスキルは、やる気さえあればいつでも簡単に身につくからだ。

むしろ、下手に経験があるとプライドが高くなりがちだし、固定観念が芽生えている可能性が高く厄介だと思っている。プライドも固定観念も、コンサル業界やＩＴ業界に限らず資本主義社会全般で邪魔になるだけだ。

中途半端な経験者はリスクが高いので、当社に在籍している人間は、ほとんどが未経験採用である。

重要なのは「ソフトスキル」だ。ソフトスキルは身につけろといって身につくものではない。

特にコンサルの世界は、失敗が許されない。一度失敗したら、チャンスは二度とやってこない。厳しい世界で生き抜くには、強い意志が必要なのだ。

わたしはソフトスキルを測るために、面接では脅すこともある。大げさにものを言うわけではないが、会社が学びの場でないことはしっかり説く。

お金をもらいながら学ぶのは甘いこと、自分であらかじめ学び、会社は学んだことを駆使して結果を出す場というのも面接で伝えている。

それでもやりたいと思うか、気合いがあるかが、採用するかどうかの分かれ道だ。

わたしも最終面接に出ているが、気概を感じる人が多いように思う。先に面接したマネージャークラスも、下手な人間を入れると自分が困ることを知っているのだろう。気概を感じるような人には、一緒に未来を見てみようという気持ちが湧く。

□ 会社に依存せずともできることは山ほどある

転職をせずにバーサタイリストを目指すことも、もちろん可能だ。同じ部署でもポジションが上がれば求められることが変わり、新しい興味がどんどん湧くだろう。別部署への異動を打診する方法だってある。

要は、転職は一手段に過ぎないのだ。自分の目指す先へと進むためには、どの道を通るのが賢明かという観点で、取るべき選択を吟味してほしい。

自分がやりたいことに対して、会社が明らかに弊害となっているのであれば早急に辞めたほうがいい。目標が達成されるイメージが湧くのならとどまるべきである。

ただし、1つの会社しか経験していないと、バーサタイリストになるには仕事的な広がりが不十分かもしれない。

転職しないのなら、会社では経験できないことを自ら学ぶ必要がある。

スクールに入るのもいいだろうし、セミナーに参加するのもいいだろう。学ぼうと思えば、自分一人でも十分に学べる。差は、やったかやらないか、それだけだ。

学びの観点から、複業もポジティブに捉えている。もちろん、金を稼ぐのが目的ではどちらもおろそかになるのでダメだが、自分自身のレベルアップを目的にしているならよいことだと思う。

複業で学んだものを会社の業務で生かせば、会社からの評価も上がるだろう。

わたし自身、複業の経験はないが、技術系の記事や本の執筆依頼を引き受けることはある。エンジニアリングや経営に携わるだけでなく、店舗にも立つ。わが社の店ではあるが、人が足りないから立っているわけではない。純粋に面白いのだ。

現場にはＩＴのコンサルに生かせるヒントがたくさん転がっている。いくら経験を重ねても、学ぶことばかりだ。

そういう学びの場が１つでも多くあることこそ、バーサタイリストの必須条件である。

「仕事とプライベートのバランス」編

Q

仕事に全力で向き合う大切さはわかっていますが、家庭もあるので学習時間を十分に確保できません。自己学習の時間は、最低どのくらい必要でしょうか?

基準はない。個人によって状況が異なるのはわかるし、自由に決めればいいだろう。わたしの会社にも、本業で稼げないため働きに来ている社員がいる。仕事に割ける時間は必然的に限られるが、仕事のための時間は、仕事に全力を注いでくれている。

何時間という目安よりも、**あらゆる時間配分を自分で決めることのほうがよっぽど大事**である。そうしないと、全てが中途半端になる。

仕事に趣味、複業はもちろん、睡眠時間も含めてだ。何にどのくらいの時間を割くべきかを把握するのは、社会人としての基本である。

時間配分を決める際は、ライフプラン全体で考えてほしい。人生は今日1日きりではなく、これから何十年も続いていくのだ。わたしは仕事を始めたとき、先を見越すと20代は捨てるべきとの判断を下した。

同じように、子どものために今は仕事を捨てるという判断だってありだろう。

1カ月先、1年先、そして10年先を見た上で決めること。あなたのライフプランに家族やパートナーなどが関与しているのなら、コミュニケーションを取って決めるのも大事なポイントである。

第4章

世界を驚かす行動の源。バーサタイリストの思考法

「ロジカル」「ラテラル」「クリティカル」3つの思考を磨け

仕事で失敗は許されない。だから、仕事へ赴く前に、基本的なことはあらかじめ徹底的に学ぶこと。そう説いてきた。

しかし、**どんなにたくさん学んだとしても、失敗を必ず避けられるわけではない。**わたしも、「天才だからこんなの簡単です」と涼しい顔をして言っているときも、内実はトライ&エラーを何度も繰り返している。

しかし、グリーンシステムで1本目に携わった最難関の案件を最後に、**以降は一度たりともバグを出していない。**

その秘訣は、「ロジカル」「ラテラル」「クリティカル」の三軸で考えるという思考法にある。

ロジカルシンキングは縦軸の思考で、ラテラルシンキングは横軸の思考。クリティカルシンキングは、「なぜ」を重ねて立体化していく思考のことだ。

仕事は、発想と思考と行動の連続で成り立っている。発想は感性に基づき、発想したものは論理立てて思考し、理性で行動するだろう。

その過程で、この3つの思考を経ると漏れもダブりもなく、リスクヘッジできるのだ。

「ロジカル」「ラテラル」「クリティカル」の三軸での思考法は、コンサル界ではもはや常識である。わたし自身は、アクセンチュアで身につけた。

しかし、コンサル以外の職種でも通用する。これ以上に完璧な思考法はない。

□最も重要なのは「ロジカルシンキング」

3つの思考の中で、最も重要なのはロジカルシンキングだ。ロジカルシンキングは物事を整理して、主張と根拠を筋道立てて考える思考法。漏れやダブりがないかをチェックする際は、MECE（Mutually Exclusive, Collectively Exhaustive）という考え方を取り入れることもある。

ロジカルシンキングを経ると思考が深掘りされるので、基本的にはロジカルだけでも十分な深みを得られる。

ロジカルシンキングで大事なのは、**思考のレベルを合わせる**こと。

「やりがいとお金のどちらを求めますか」という問いは、間違った例の代表格だ。数式で考えるとわかりやすい。**A or Bという命題は、A＝Bという数式が成り立つこと**

を証明すると真ではなくなる。

やりがいのある仕事をして、結果お金を手に入れるということは可能だろう。すなわち、やりがいとお金を比べる論理は成り立たないのだ。

スポーツに取り組むようなときも、思考のレベルを合わせるのはとても重要。バスケがうまくなりたいという目的があったなら、第一階層として必要になるスキルアップは基礎体力向上である。その先の第二階層にあるのが、ドリブル練習やシュート練習、筋トレやランニングだ。

ドリブル練習さえしていればいい、筋トレだけをしていればいいという考えでは、バスケは決して上達しない。

それぞれの階層ごとに考え、取り組むことがいかに大事か、よくわかるだろう。

思考のレベルが異なるものが混在しているかどうかをチェックするには、ＴｏＣ（Theory of Constraints）という方法論の中の「雲」という手法を使うといい。

全ての項目を書き出して、関連性のあるものをグルーピングする方法だ。限界まで関連付けると、漏れやダブりのないロジックツリーを導き出せる。

初めのうちは、低階層と思われるようなささいなことから書き出し、グルーピングしていくこと。トップダウンで考えていくのは難しく、初心者には無理だろうと思う。

ロ 斬新さが欲しいときに有効なのが「ラテラルシンキング」

ラテラルシンキングは、物事を多方向から考察する思考法である。論理に頼らず直感的に発想するので、ときに突拍子もないようなことを思いつくこともあるだろう。**その業界で不可能と思われることをやるときには、ラテラルシンキングが効く。**

ラテラルシンキングを身につけるためには、物事を抽象化して考えられなければいけない。

わたしが考えたCRM2・0の中心であるxRMを例に説明しよう。

xRMでは、当時「モノを売る営業」という行為のない業界にもCRMを広げたわけだが、そもそもモノを売るという具象的行為はSFAというサブシステムの担う部分なのだ。

そこで、まずはCRM＝SFAという常識が間違いであることを、理解する必要があった。

CRM、つまりCustomer Relationship Management は、その名の通り本質は「顧客データの管理」であり、必要な「(顧客に対する）活動データ」を全て一元的に管理するためのもの。そう考えると、営業という行為のない場面であっても、CRMを活用できるという理論になる。

結果、行政や学校、非営利団体での展開という発想が生まれたのだ。

ＣＲＭの具体的なソリューションのみで発想していたら、非営利団体での活用は思いつかなかっただろう。
ＣＲＭの戦略を抽象的に捉えるラテラル思考を駆使したからこそ、本質を見抜き新しい可能性を見出せたのである。

ラテラルシンキングでは、次の３ステップを経ること。

①課題となっているポイントを特定
ＣＲＭの場合：ＣＲＭは民間企業でしか売れない
②課題となっているポイントから具象的な部分を抜き出す
ＣＲＭの場合：ＣＲＭは売り上げを上げるための業務フローが備わったシステムである
③具象的な部分を抽象化する
ＣＲＭの場合：ＣＲＭは顧客情報と活動データを管理するシステムであり、業

務フローはそのために必要なものである

ここから逆算的にアプローチすると、新たな可能性を導き出せるはずだ。

ラテラルシンキングの弱点は、ラテラル思考しか持っていないと人に伝わらないこと。**人に説明するには、ロジカルシンキングを用いる必要がある。**さもないと、何を言っているのかわからない怪しい人と思われかねない。

□「クリティカルシンキング」は最低5回重ねること

クリティカルとは疑うこと。すなわち、クリティカルシンキングはとてもシンプルで、ただ疑問を持つだけでいい。

自分の中でこうだと思うことに対して、なぜそう思うのかと考えるのだ。できれば「なぜ」を5回ぐらいは繰り返してほしい。

ただ、「○○で決まっているから」といった回答はNG、つまりノーカウントだ。これでは思考は少しも進んでいない。

たとえば「人を殴るのは、なぜいけないことなのか」という問いに対して、「法律で決まっているから」と答えるのはダメ。「常識だから」も、「常識で決まっているから」ということなのでもちろんNGだ。

それ以外であれば、どんな答えでも構わない。人が傷つくから、自分がダメだと思うからなど、自由に回答していい。要は、**自分なりの理解があるかが重要**なのだ。

仕事でも、「○○で決まっているから」という理由を引き合いに出すシーンによく出くわす。最も多いのは、「業界の常識だから」という声だ。

CRMの世界にいると、実にさまざまな業界の人と話すが、たいていの人が解決できない問いにぶつかると、「うちの業界は特殊だからね」と言う。

しかしたいがいにおいて、特定の業界だから無理ということは存在しない。

原因はシンプルで、聞けば聞くほど特殊なものは何もなく、ちょっとしたことで解決できることばかり。固定観念にとらわれているのは、何とももったいないことだと思う。

何かを考えるときは、やみくもに考えるのではなく、**思考の流れをコントロールするのが大事**である。そうすると、仕事のアウトプットの質が格段に上がる。思考した数だけ、可能性がある。

「ロジカル」「ラテラル」「クリティカル」の3つで思考する力は、知識が豊富なほど高まっていく。知識が増えるほど使いこなせるようになるので、バーサタイリストになった暁には思考力はかなり上がるだろう。

真に生きるアイデア力は、誰でも身につけられる

新しいアイデアがどんどん湧くのはいいことだ。そもそも知識がなければアイデアは生まれないので、それだけ知っている証しにもなる。アイデアが豊富な人は、固定観念がないことが多い。その意味でも、アイデアは多ければ多いほうがいいと考えている。

しかし、今は生活に必要なもの、悩みを解決するものがほとんど揃っている時代。ゼロから1を生み出すのは非常に難しい。ただし、**1から大きくしていくのは、誰でもできる。**

たとえばiPhoneは、発明品のように感じるかもしれないが、実際のところはすでにあったものを組み合わせただけに過ぎない。

「音楽プレイヤーにカメラ、インターネット機器を持ち歩けると便利そう」と思い、さまざまな「1」を1つの機械に集約しただけだろう。

そう考えると、**スティーブ・ジョブズ氏だけが特別なわけではない**、といえないだろうか。最初に手がけたのはジョブズ氏だが、同じことは誰でも発想できたはずだ。

1からアイデアを生み出した事例は、日常のあちこちに転がっている。主婦が普段の生活からアイデアを出し、かたちにした事例もある。

洗濯機のごみ取りネットは、靴下を洗濯機にくっつけた主婦のアイデアから生まれたそうだ。

わたしも、アイデア力には自信がある。特にグリーンシステムにいたころは、ゲーム開発や海外のものなど、**一般的な企業向けには使わないものを取り入れて**、常識外れだと言われた。

幸い、斬新なアイデアを受け入れてくれる環境だったのでよかった。

しかしこれも、すでにあるものを組み合わせたに過ぎない。


最近だと、当社でオープンした「健康家庭料理&雑煮バー『膳』」も「珍しい」「斬新だ」と話題になった。

実をいうと「膳」は、コンセプトを決める前に物件を契約してしまった。飲食業界へのITの最適な導入法を模索したいという気持ちはもともとあったが、店を借りたきっかけは、よさそうな物件があったからというだけ。

物件を借りた後、雑煮をコンセプトの軸にすると決めた。なぜなら、わたしが雑煮好きだからだ。

何を掛け合わせようと考えたところで生まれたのが「バー」というコンセプト。雑煮はお酒を飲んだ後、締めとして食べてもいい。

ただ、雑煮バーでは打ち出しとしてはまだ弱い。そこで、雑煮に改めて着目し、栄養士と会話した。

雑煮を作るときは、出汁を取る。出汁を取るなら無添加がいい。そこで、雑煮の出汁を生かした料理を出してはどうだろうという考えに至り、雑煮、バー、そして健康家庭料理の3つが組み合わさって「膳」が生まれることとなる。

健康料理というと、米にもお酒にも合わないイメージがあるだろう。だから、味に立体感を出す工夫を施し、濃いめの味付けにした。とはいっても、塩分は控えめだ。それなのに、米は進むしお酒のアテにもなるということで受けている。

雑煮、バー、そして健康家庭料理を組み合わせるのは斬新ではあるが、アイデアの種は「おいしい雑煮を自分自身が食べたい」という思いひとつだ。

斬新なアイデアも、起点はとてもシンプルであることがよくわかるだろう。小さな気持ちひとつでも、**ロジカルに深掘りして既存のものと組み合わせるだけで、全く新**

しいものができ上がることの、いい事例となったと思う。

□アイデア力を高めるカギは「行動」にあり

アイデア力は、仕事において重要なファクターだが、誤った認識を持っている人が多いようなので、ここで正しておきたい。

読者の中にも、「アイデア力は新しいことを発想する力のことだろう」と考えている人がいるだろう。「ラテラル思考で考えると、アイデア力の高いアウトプットになるのでは」と思う人もいるのではないだろうか。

しかし、いずれも的を射てはいない。**アイデア力とは考え続け、行動する力**、わたしはそう考えている。

前述した通り、アイデアの起点はとてもシンプルだ。斬新なアイデアも、既存のものを組み合わせているだけという場合が非常に多い。

要は、アイデアは誰でも思いつく。

ただのアイデアを「高いアイデア力によるもの」へと昇華させるのは、実行するかどうかで決まる。

アイデア力を証明するには実行するしかない。

実行しないのはただの思いつき。アイデア力があることにはならない。**やるかどうか、やり続けるかどうか。**成果に結びつくかどうかは二の次でいい。

ただし、**思考法を身につけていないと、筋のいい行動は取れない。**

アイデアが失敗に終わったときも、アイデアそのものが悪かったのか、行動に移す際のプロセスに問題があったのかをしっかり振り返らないと、正しく理解できないので注意したい。

□天才と凡人の差は行動するかどうかで決まる

おそらくＳＮＳが普及したのが大きな要因だろう。昨今、お金持ちや成功者の食べるものやファッション、ライフスタイルを容易に見られるようになった結果、見るだけで満足してしまっている人が多いように感じている。

自ら体験せずに満足できるのは、ある意味、恵まれているといえるかもしれない。しかし、**ガッツがないのはとても危険なこと**だと思っている。何せ、社会に出ると競争の連続なのだ。行動せずに心満たされ、ぼんやりと過ごしているようでは、後になってから厳しくなる。

体験せずに知った気になっているのは、知らないのと同義である。なぜなら人は、自分でやったことしか記憶に残らないようにできているからだ。

実際に体験しないと、短期記憶にしか残らない。すぐに忘れてしまうのであれば、本当の意味で身についたことにはならないだろう。

身につかないと、いくら年齢を重ねようとも、いつまで経っても本質は見抜けない。口ではそれっぽいことを言っていても、表面的で薄っぺらいだけの人間になってしまう。

わたしはＣＲＭの第一人者とされていて、ｘＲＭを生み出したアイデアマンと言われることもあるが、**わたしがここまで認められるようになったのは、アイデアを出したことだけが理由ではない。**

もちろん、マイクロソフトでＣＲＭを担当したときには、世の中の思考をひっくり返したいという思いはあった。

しかし、アイデアの種はシンプルで、ＣＲＭが営業あるいはコールセンターのツールとしか見られていなかったことに端を発する。

それなら、客のいない場所でも使えるようにすれば売れるのではと考えたのが、

CRM2・0の始まりだった。

ここまでは、他の人でも思いついたのではないかと思う。

ただ、実行にまで移す人はどれほどいるだろうか。遂行するには、チームの説得に社内交渉、新しいコネクション作りと課題は山積みだ。

発想する人はたくさんいたとしても、継続する人はおろか、一歩踏み出す人さえそういないだろう。

しかしわたしは実行し、継続した。すると、食いつく人はいっぱいいた。最終的には本国からも注目され、CRMに新時代が到来したのは第1章で記した通りだ。

以前、何かの本で読んだ天才の定義が、今でもわたしの心に残っている。

「何かをしようと思ったとき、やるべきことは一般的に誰でも思いつく。アイデアが湧いた後、実行し、継続するかどうかで天才と凡人の差が出る」という内容だった。

まさにその通りだと思う。

実行するのは、１００人に１人だそうだ。実行せずに諦める人が、いかに多いかを物語っている。さらに実行した人もふるいにかけられ、やり続けるのは実行した中の１００人に１人に絞られるという。

結果、**やり続けるのは１万人に１人しかいない**という話。天才は、こうして作られるのだそうだ。

天才というのは、もともと天から才能を授かっている人に対する称号ではない。行動し、努力して継続するからこそ、結果的に才能を得た人こそ、天才なのである。たとえ天から授かっているものがあったとしても、行動しなければゼロのまま。

やった気になっているのは、アイデアを思いつくだけの人と同じである。むしろ自覚がない分、凡人以下ではないかと思う。

□いかに優秀な仲間を集めるかが重要

アイデアを出す、掘り下げる、実行する、そして継続する。この4つがあるからこそ、アイデア力は成果として可視化されるわけだ。

しかし、バーサタイリストなら一人でこなせるかもしれないが、全てを一人で担うのはハードルが高いだろう。

ただでさえ、人間には利き脳があり、右脳と左脳のどちらかに強みが偏っている。バランスの悪い中、右脳で発想し、左脳で実行するのは非常に難しいことなのだ。

一人でできなければ、できない部分を補ってくれる人を見つければいい。

そこで、どのような人を仲間にするかが重要になる。アイデアマンとコンサルタントとエンジニアなど、**必要な役割が三位一体となるチーミングが要**となるのだ。

わたしにも、会社経営をサポートしてくれる仲間が2人いる。わたしのスペシャリティはエンジニアリングなので、思考法に秀でている人、そして緻密な作業が得意な人が必要だった。実際に、今の会社はこの3人チームで立ち上げた。

バーサタイリストであっても、人の助けがないと高いレベルには到達できない。あらゆることにおいて頭3つ分抜きん出ているとしても、スペシャリストには敵わないからだ。

自分一人で、全て担おうと思ってはいけない。

もちろん、エンジニア同士で組んでも意味がない。強みの異なる仲間、そして本音で言い合える仲間を持つのは、とても大事なことである。

□ 1つのことに本気で向き合った仲間は一生ものの宝になる

いい仲間はどこにいるかということが、次の課題になるだろう。そもそも人は、同じタイプの人間同士で固まりやすいので、強みの異なる人とチームを組むには、既存の枠を超えるべきときもあるだろうと思う。

そうすると、さまざまな人と知り合わねばと躍起になる人もいるかもしれない。

しかし結論をいえば、接触する人数よりも、どのように接触したかのほうがはるかに重要だ。相手がどんな人であろうとも、なれ合いの付き合いをしている限りはいい仲間にはならない。

いい仲間になるかどうかがわかるのは、ともに全力で仕事をして乗り越えたときだけである。飲みに行って夢を語り合ったところで、本当に相性がいいかどうかは判断できない。

最初は、必ずしも得手不得手の異なる人を、バランスよく集めなくても構わない。たとえば5人チームで取り組んだとすると、それぞれが勝手に得意なことに着手するので、チームのかたちは自然とでき上がってくる。

お互い全力で取り組んでいると、やりやすい人が誰かはすぐにわかる。そこまで苦労せずに、タッグを組みたい人に必ず出会えるはずだ。そうしてできた仲間とは、一生ものの関係になる。

スポーツに打ち込んだことのある人なら、感覚的にわかるだろう。**全力を尽くしたときにしか、見えない世界がある**のだ。

まずは、会社の中で探してみるのもいいだろう。会社には複数の部署がある。他部署の人と組むのは大いにありだ。

わたし自身、マイクロソフト時代はさまざまな部署の人と交流し、何かソリューションを生み出せないかと探っていた。

会社で見つけられないのなら、社外の人でも構わない。複業のようなやり方で一緒に取り組んでもいいし、海外では**一時的にチームを組みロールプレイングをする勉強会**が催されている。

いずれにせよ、自ら動かなければ可能性は拓けない。今というときは、一生の中でも一度きり。全力で取り組んでほしい。

松原晋啓のお悩み成敗コーナー❹

「評価されない」編

Q

今の会社に8年ほど勤めていますが、なぜか評価されません。自分で勉強もしていますし、ほとんどの目標を達成できていますが、直上の評価が低いのです。それでもやはり、転職してはいけないでしょうか?

そもそも、あなたは何のために仕事をしているのだろう。評価されるためだろうか。**アイメッセージで言うと、つまり「I＝わたしは」を主語にした文章**で言うとどんな表現になるか、自分にもう一度問い直してほしい。

わたしも、直上からの評価はいつも散々だった。しかし、直上からの評価が主目的ではなかったため、気にならなかったのだ。

一方で、ポジションを上げないとできないことは確かに存在する。今いる会社であなたの目的を達成できないのなら、会社と自分の目指すことがズレている証拠だ。

アイメッセージ次第では、転職を否定しない。

それでも、評価されないから転職するという論理はやはりいけない。発想の起点が他人軸だし、マイナス発想だからだ。

転職活動でも、評価されないからという理由ではマイナス評価になる。

面接官は何千人も見てきているので、たやすく本音を見透かすもの。たとえ口ではうまく言ったとしても、**マイナスとプラスどちら起点の話なのかは、違和感というかたちでバレる。**

評価されないことが原因で転職を考えたとしても、決してマイナス起点の気持ちで臨んではいけない。

自分が何をしたいのかを心の底から思念できるようになるまで、アイメッセージを固めてほしい。

そもそも**人というのは、平文を見るとマイナスに捉えてしまう生き物**である。思っている以上に強く、プラスの気持ちを込めねばならない。

アイメッセージを伝えるときは、**「社会のために」という枕詞をつける**のも大事なポイントだ。

そうすると、「評価を得られない」ではなく、「チャンスを得られない」という言い方に自然と変わる。

転職を希望しているのは、自分の信念と会社の方針が合致しないため。そう相手に伝わるようになったら、次なるステージがきっと拓ける。

第5章

全てが自分の思い通りに！
我欲を手放し
一気に突き抜けろ

我欲があるのは「器が小さいこと」の証しである

わたしは高校のころにアルバイトを始めたし、就職するまでは常にお金を追い求める日々だった。

食べ物を買うお金さえ、自分で稼がねばならない。父を亡くし家を失ってからは、今日を明日へとつなげるだけで精一杯。生きていくために、お金は何より重要だった。

技術者になってしばらくすると、お金を求めなくなった。

もちろん、それなりの金額を給与としてもらえたからというのも理由だとは思う。

1社目の給与は新卒の平均よりも低かったが、転職のたびに評価されたこともあり、20代前半には年収が1000万円を超えた。

しかし、冷静になって当時を振り返っても、十分にもらえたからお金を求めなくなったというのは少し違う。

どちらかというと、**飢えていた心が仕事に向き合う楽しさで満たされた**からなのではないかと思う。あれだけお金を求めていたわたしがと、自分でも驚く。

□ 特に若いうちは、お金を求めてはいけない

わたしにとって、お金は結果論である。

何かを成し遂げた結果、もらえるものはお金だけではない。**経験だって対価だし、感謝というかたちもある。**だから、お金で返ってこないからといって、求め過ぎてはいけない。お金を求めていいのは、トップに立ってからだ。

わたしの尊敬する経営者・稲盛和夫氏は、「有言実行でことにあたる」という名言を

残している。

成し遂げてやると他人に宣言すると、周りと自分の両方からプレッシャーがかかり、目標が達成されやすくなるという考え方だ。

世の中には不言実行を美徳とする風潮もあるが、**不言実行では自身を奮い立たせられない。**

ポジティブなことであれば、どんどん宣言したほうがいい。言わずにやるのは論外だ。

ただし、「金をくれたらやる」というようなことは、決して言ってはいけない。

鶏と卵の話のように感じるかもしれないが、金と成果のどちらが先かというのは、資本主義社会では明確に決まっている。成果が先だ。

成果を上げた対価として、後から与えられるのがお金である。厳しく感じるかもしれないが、これが資本主義社会の本質だ。自分のスキルが伴っていなければ、対価はもらえない。

だからいつでも、真っ先に自分を高めなければならない。もちろんパフォーマンスが伴っているならお金を求めてもいいが、求めてばかりいてはソフトスキルが不十分と評価されかねない。むしろ、対価は小さくなることを覚えておいてほしい。

同様の理由で、入社したての若者が、成果も上げずにお金を求めるのは論外だ。特に**20代は、経験という対価をたっぷりもらっている**はずだろう。

リーダー職に就いたときに、リーダー職の給与を求めるのもよくない。リーダーの仕事を果たしていない段階で、なぜお金を求められるのだろう。

成果を上げ、他者から評価された証しとして、結果的についてくる。お金とは本来そういうものだ。

□ 評価されるには佇まいも大事

より高く評価されたいのなら、任せられる存在になるのも重要である。上のポジションは、自分が希望したからといって必ずしも任せてもらえるわけではない。そうすると、**いかに信頼を獲得するか**がポイントとなる。

人というのは、自分の器の大きさまでしか他人を測れないものである。

すなわち、「あの人は優秀だ」「ポテンシャルがすごそうだ」と感じる相手は、実はそこまですごくはない。なぜなら相手を測れているからだ。そういう相手は、自分とそう大差ない。

本当にすごい人には、すごいという言葉は出ないものだ。理解を超えているので、むしろ不気味に感じたり怖く見えたりするだろう。**可能性の塊のような人間は、人に**

恐怖心を与える。

実際にわたしも、直上の上司には不気味に思われていたのだろうと思う。隙を見せたら何をされるかわからない、そんな存在だったのではないだろうか。そのため、直上からの評価はいつも悪かった。

しかし、エグゼクティブクラスはわたしを評価してくれた。エグゼクティブクラスほどの器があると、わたしのような者でも受け止められるのだろう。

わたしは会社員時代、エグゼクティブの仕事をよく手伝っていた。「こいつなら任せて大丈夫だ」と言われているようで、誇らしかった。

□どんな失敗も、必ず何かしら大切な物事へとつながっている

スペシャリストは会社から求められる人、バーサタイリストは社会から求められる

人ということもできる。なぜならバーサタイリストは、一人いるだけで大局を変えられる存在だからだ。

逆に考えると、バーサタイリストとして認められるには、**大局を変えられそうなイメージを醸すことが重要**ということもできる。

大局を変えられそうと思わせるには、そもそも社会の仕組みを理解している必要だってあるだろう。

資本主義社会に連続性があることも、しっかり理解しておきたい。

結果には行動という原因があり、そのプロセスには必ず思考が存在していること。自分が対峙している客は一人でも、その人の目線の先には、客に値する人が次から次へと列をなしていること。

連続性のある社会で、いかに求められる人になるか、どれだけ結果を残せるかというのはとても重要なことだ。

連続性があるのだから、あらゆることが無駄にはならない。

マイナスに思えるようなことだって、経験の観点で見ればプラスだろう。

たとえ無駄だったと思ったとしても、やらなければ無駄だということさえわからなかったのだ。


やったこともないのに無駄だと言うのは、どう考えてもおかしい。経験していない人間は、評価すべき立場にはない。


そもそも言霊の力は強いので、経験せずに批判的な言葉を発する人は、いずれ自ら発した言葉が自分に返ってきて潰れるのがオチだ。

もし何か不都合な状況が生じたら、自分に原因がないかを考えてみるといい。他人は自分の鏡だ。きっと、自分の間違いに気づくはずだ。

「ギブ&ギブの精神」を養うと、結果は自ずとついてくる

高みを目指す人には、「ギブ」の意義についても学んでほしいと思う。

たとえば、あなたが誰かに何かをしてあげたとする。結果、何もお礼をされなかったら、損をしたと思うだろうか。お礼の言葉1つなかったら、非常識だと相手をとがめるだろうか。

結論として、お礼をされなくてもあなたは損をしてはいないし、相手をとがめるのも違う。なぜなら、自ら差し出したときは、たとえ直接的でなかったとしても、**必ず何かしらのかたちで返ってきている**からだ。

与えれば得られる。ギブ&ギブの考え方をわたしが学んだのは、インフラジスティックスに在籍していたときだった。

ギブ&ギブは、インフラジスティックス社の方針だったのだ。初めて知ったときは、目から鱗だった。

インフラジスティックスは、リッチクライアント（画面の生成や業務データの演算などの処理を、クライアント側で実行するWebアプリケーションの仕組み）を実現するためのツールセット（NetAdvantage）を販売する会社。

わたしは、リッチクライアントを体現する「ユーザーエクスペリエンス（UX）」を日本に広めて、製品を売る仕事を一手に担っていた。

マーケティングの世界では、カスタマーをインフルエンサー1割・アーリーアダプター2割・一般ユーザー7割と区分する。つまり、1割のインフルエンサーをいかに築き動かすかで、勝敗が決するのだ。

そこでわたしは、講演会に立つ機会を増やした。なぜなら、講演会に来るような人は、知識が深く感度の高いインフルエンサーだからだ。

講演会に登壇する真の目的は、聴衆に正規の製品を無料でプレゼントすること。製品を無料で使えるとなると、人は好感を抱きやすくなる。

程なくして、NetAdvantageの評判は好評ばかりが拡散し、アーリーアダプターも一般ユーザーも、どんどん導入し始めた。

結果、インフラジスティックス・ジャパンは1年目から大きく飛躍できたのである。

もちろんビジネスなので、見込みユーザー全てに無償提供するわけにはいかず、抽選のかたちを取ったが、**与えるべき人には与えること。**そうするとよい循環が生まれるのだと、身をもって体感した。

ギブ&ギブの手法は、今の会社でも役立てている。

雑誌『経済界』2024年3月号で「関西経済の底力」特集に選出され、大阪メトロの中吊りに掲載されたときも、中吊りの写真を撮ってインスタグラムにアップすると、「膳」の雑煮が半額になるキャンペーンを実施した。

悪目立ちしないようにチューニングする必要があるが、**ポジティブな印象を与えるのであればどんどん目立ったほうがいい。**

雑煮はコストが高く、店舗の人間からは反対されたが、キャンペーンは本社のお金でやるということで合意を得た。

結果は上々。やはり、得になることには、人は食いつくのだと再認識した。本社のコストは発生したが、投資した以上のものを与えてもらっている。雑煮という強みをアピールできたので、認知拡大にも拍車がかかっただろう。

好意には返報性がある。人は、誰かから何かをされると好意がある証しだと感じ、好意を返そうと思うものなのだ。だからこそ、先に与えるのが大事なのである。与えれば、必ず何かを得られる。

これまで一度も潰れずに会社を継続できているのは、ギブ&ギブの精神があるからこそといっても過言ではない。

ギブ&ギブは、相手との関係だけでなく自分に対しても同様に作用する。自分にも知識や経験を与え続けること。そうすると、挑戦の機会をもらったり頼りにされたり、しかるべきものが得られるだろう。

テイク、つまり**結果を求めると、自分だって成長しなくなる**ので注意したい。目の前の欲にとらわれていてはバーサタイリストにはなれないし、お金ももらえない。そして、自分の成長さえ期待できなくなるのだ。

我欲を手放すためのたった1つの方法

そうはいっても、我欲はそう簡単には手放せない。我欲を完全に捨てられたら、バーサタイリストにだって経営者にだってなれる。

ただ、**欲の量と質をコントロールするのは、誰でもできる**だろう。

欲を抑え、欲の矛先を自分ではなく他人に向けるのだ。誰かのための欲であれば、まだ救いようがある。

そもそも人間は、承認欲求の塊だ。自分で自分を認められず、誰かに認められたいと思うから、我欲が生まれる。

プライドも我欲が原因だろう。プライドではなく、誇りを持ちたいものだ。誇りは自分で自分を高める礎になる。

また、誇りがあると、自然と他人に何かをしてあげたいと思うようになるものだ。他人のために何かをしたいという気持ちに承認欲求がくっつくと、よい循環が加速する。

□純粋な心こそ我欲を手放すカギとなる

欲から逃れ、器を大きくする方法はたった1つしかない。純粋な気持ちで目の前のことに打ち込む、それだけだ。

純粋さが大事なのは、有名な漫画を例に取っても明らかだろう。

『ドラゴンボール』では、純粋な心がないとスーパーサイヤ人にはなれない。『鬼滅の刃』でも、主人公は最後まで柱になっていないだろう。妹を人間に戻したいという純粋な目的のために突き進んでいたからこそ、鬼に打ち勝てたのだと思う。

そもそも漫画の主人公で、欲にまみれている人はいない。欲深い人間は、鬼そのものだ。鬼に勝てるのは、純粋な心のみ。漫画が全てを物語っている。

人は一人では生きていけない。生きている限り助けられている。

わたしは一人で生きているような気になったこともあったが、ホームレス時代でさえ、日雇いの仕事があったから食いつなげたのだ。似た境遇の人たちとも、支え、支えられる関係だったのだと、今になるとよくわかる。

全て失い、何とか生きてきたので、わたしは骨の髄まで沁みていて忘れることはないが、人はまず、生きているだけで感謝すべきだと思う。

五体満足ならなおのことだ。当たり前になっているようなことこそ、何より感謝すべきだと思う。**純粋な心で感謝すると、我欲は消える。**

日本は本来、万物に神様が宿っているという考えを持った素晴らしい国である。他人にも神様がいると考え、日本人はおもてなしの心を持つようになった。海外の国でも他人に対するリスペクトはあるが、物に対するリスペクトはない。

日本人のほうが、はるかに澄んだ心を持っているはずなのだ。日本人であれば、我欲なんてすぐに手放せるのだ、本来は。

海外の人が日本を美しいと言うとき目に浮かべているのは、ほとんどの場合、今の日本ではなく昔の日本だ。

海外で最も評判になるのが、「日本では、落とした財布が返ってくる」ということだ。また、武道では「礼に始まり、礼に終わる」と教えるが、礼の精神を説く格闘技は日本にしかない。

古代中国の思想家は「倉廩《そうりん》実ちて礼節を知る（生活が安定してはじめて、礼儀を重んじるゆとりが生じるという意味）」という言葉を残したが、日本人は本来、衣食が足りなくても礼節を知っている稀有な民族なのである。

日本人は、きれいな心をいつ失ったのだろう。ゴミが転がっていても何とも思わない人が多いのは、実に情けなく思う。メディアやＳＮＳで、我欲の塊のような人間がもてはやされているのも残念極まりない。

少なくとも高度成長期には、日本の美しい部分が残っていただろう。「自分を捨ててでも新しいものを作ってやる」という我欲のない気概で満ちていたからこそ、高度成長を成し遂げられたのだろうと思う。

バブルのころに、我欲が育ってしまったのだろうか。

ここまで読んでくれたあなたには、日本の心、日本の文化を大事にしてほしい。

海外の文化をすんなり受け入れる器があるのはいいことだが、**日本は、心だけはグローバル化してはいけない。**

日本のよき心を取り戻せば、可能性は格段に広がるだろう。きっと、バーサタイリストへの道のりを一気に駆け昇れる。

「部下との距離感」編

Q

最近ハラスメントが社会問題となっていますが、部下との距離感に悩んでいます。特にZ世代の部下には、どのように接するのがよいでしょうか？

わたしの会社で一番若い人は高校生である。20代も多いが、ハラスメント問題が起きたことは一度もない。

そもそも、若者との距離感は昔と全く変わっていないように思う。

むしろ、**問題の根幹はコミュニケーション不足**にあるだろう。

当社では、「罪を憎んで人を憎まず」「マイナスコミュニケーションはダメ」「人そのものを攻撃してはいけない」といったルールを敷いている。そのおかげか、個人間の不和が生じたことはあったものの、それも紐解けばお互いを知らないのが原因であり、それ以外の問題は起こっていない。

Z世代は飲みに行かないという噂もあるようだが、決して、飲みに行きたくないわけではない。自分から、飲みに行きたいと言わないだけなのだ。

むしろ、世代を盾に自己防衛しているのは、年配者のほうではないだろうか。飲みに行くのが面倒なために、世代を言い訳にしているようにしか思えない。

今の若者とも、肩を組んで飲んだっていい。朝まで飲んでも、問題ない。

ただ、強制するのはダメ。パーソナルスペースに、ズカズカと入り込むような言動もいけない。しかしいずれも、Z世代に限った話ではないだろう。

強制すれば嫌がられ、図々しい人が嫌われるのは、今も昔も同じだ。

現代人がコミュニケーション下手になったのは、文字でのコミュニケーションが多過ぎるためだと考えている。どの世代も対面コミュニケーションが少なく、お互いの距離をうまく縮められないのだろう。

人と人との距離は、もっと近くあるべきだ。

知人に寛容になれることも、他人には寛容になれないという経験をしたことはないだろうか。距離が遠いほど、人は寛容になれないもの。他人のままだから、問題が起きるのである。

では、コミュニケーションが下手な者同士が距離を縮めるには、どうしたらいいか。特に**距離が遠いときほど、断れる空気感を作るのが大事**である。

「上司から飲みに誘われたら断りにくいかもしれない」と思うなら、まずは「飲み会好き?」といった軽い質問から始めるといいだろう。

いざ飲みに行ったら、「嫌々、来たのではないか」などと考えてはいけない。ネガティブな推測をするのは、相手に失礼だろう。どうしても気になるのなら、いっそ直接聞くべきだろう。会話をするのだ。

きっと、率直な返事が返ってくるだろう。なぜなら、今の若者は会話が下手なので、オブラートに包めない。ダイレクトに答えてくれるはずだ。

むしろ、率直に答えた後、**あなたがどういう反応をするかをしっかり見ている。**腹を割るしかない。

おわりに

「汝の隣人を愛せよ」とは、聖書の一節である。孔子も、まずは自分の血縁や師を愛し、そこから遠い関係の人までグラデーションのように愛を広げるべきとして「仁愛」を説いた。

これらの考え方がなくなりつつある現代では、人を知る気持ちが何より大事だと思う。

まさに、人の心を知るものこそ、顧客との関係構築を目的としているＣＲＭであろう。ＣＲＭは顧客を理解し、顧客の求めるものを提供するためのツールである。

市場が求めるものを提供できるかは、顧客の理解で決まる。

だからこそ、まずは自らをさらけ出し、相手を知ろうとして対話しなければならない。対話はＣＲＭの原点であり、現代社会を変えるための有効なファクターだ。

意義深いものに携わっていることを、改めて誇りに思う。

わたしが目指すのは、世界中の人が対話し、お互いの理解が深まっている世界。よく知っている人間を騙そうとするケースはレアだろうから、世界はきっと、もっと穏やかになるはずだ。

世界が穏やかになれば我欲もなくなり、戦争だってなくせるかもしれない。ＣＲＭは、その手段になり得ると思っている。

絵空事のように聞こえるかもしれないが、わたしは本気だ。

もし争いが起きたら、バスケットボールで解決するのはどうだろうか。今、国際競技連盟の中で最も加盟国が多いのは、ＦＩＢＡ（国際バスケットボール連盟）だ。

以前は欧米勢が圧倒的に強かったが、日本をはじめアジアも勢力を増しているので、

バスケットボールの公平さは日に日に高まっていると感じる。

わたし自身も小学生のときにバスケットボールを始めた。高校卒業後は一時休止したものの、アクセンチュア時代には実業団に入り、ファミリー・テンス東京に所属していた。

ドクターストップがかかり断念したものの、b.jリーグが生まれたときには東京チームの一員としてメンバー入りを果たしている。

バスケットボールによる世界平和はしばらく先のことだとしても、**ＩＴを活用したバスケットボールビジネスは、近い将来、実現したい**と思っている。

現在、当社が推進しているのは、大阪エヴェッサのオフィシャルゴールドパートナーとしての活動のみだが、バスケットボールをする場所、バスケットボールについてもっと深く知ることができる店も近々作りたい。

日本のバスケットボールチームを強くしたい、バスケットボールを日本でもっとメジャーにしたい、果ては世界的にもさらにメジャーにしたい。夢は広がるばかりだ。

人の心はＣＲＭで、身体はバスケットボールで世界平和を成し遂げること。それこそが、わたしの使命である。

２０２４年５月　松原晋啓

松原晋啓（まつばら・のぶあき）

大阪府出身。国内システム会社にてオープン系システムエンジニアおよびシステムアーキテクトを経験後、アクセンチュア・テクノロジー・ソリューションズ（現アクセンチュア）の創設メンバーとして入社。アクセンチュア退職後、米インフラジスティックスの日本法人設立（インフラジスティックス・ジャパン）に参画し、執行役として経営、営業、マーケティング、社内ITの各部門を兼務で統括。事業が安定期に入ったことで日本マイクロソフトに転職し、Dynamics CRMチームの立ち上げメンバーとしてプリセールスエンジニア（ソリューションスペシャリスト）に従事。マイクロソフトワールドワイドの最優秀者に授与されるアワード（Circle of Excellence）を受賞。2018年3月にリベルダージを設立し、社長兼最高経営責任者に就任。アーティサンでCRM事業を率いる傍ら、ドローン操縦士（ドローンパイロット）およびドローンインストラクターとして、安心・安全な運行を実現してドローンビジネスのデファクトスタンダードを作るべくドローン事業を推進している。2020年7月にアーティサンから事業分割してアーカス・ジャパンを設立し、代表取締役社長に就任。

バーサタイリスト

35歳《さい》までに「1万人《まんにん》に1人《ひとり》」の実力者《じつりょくしゃ》になる方法《ほうほう》

2024年6月27日　第1刷発行

著者　**松原晋啓《まつばらのぶあき》**

発行者　寺田俊治

発行所　**株式会社 日刊現代**
東京都中央区新川1-3-17　新川三幸ビル
郵便番号　104-8007
電話　03-5244-9620

発売所　**株式会社 講談社**
東京都文京区音羽2-12-21
郵便番号　112-8001
電話　03-5395-3606

印刷所／製本所　**中央精版印刷株式会社**

表紙・本文デザイン　菊池祐（ライラック）
編集協力　ブランクエスト

C0036

ISBN978-4-06-536410-9